CECILIO GURROLA NAVARRETE

La Educación Familiar
basada en valores

BARKER & JULES

BARKER & JULES

LA EDUCACIÓN FAMILIAR BASADA EN VALORES

Edición: BARKER & JULES™
Diseño de Portada: Alfredo Ríos Gómez | BARKER & JULES™
Diseño de Interiores: Alfredo Ríos Gómez | BARKER & JULES™

Primera edición - 2022
D. R. © 2022, Cecilio Gurrola Navarrete

I.S.B.N. Paperback | 979-8-88691-958-5
I.S.B.N. Hardback | 979-8-88691-959-2
I.S.B.N. eBook | 979-8-88691-957-8

Derechos de Autor - Número de control Library of Congress: 1-12020107311
Todos los derechos reservados. No se permite la reproducción total o parcial de este libro, ni su incorporación a un sistema informático, ni su transmisión en cualquier forma o por cualquier medio, ya sea electrónico, mecánico, fotocopia, grabación u otros, sin autorización expresa y por escrito del autor. La información, la opinión, el análisis y el contenido de esta publicación es responsabilidad de los autores que la signan y no necesariamente representan el punto de vista de BARKER & JULES™, sus socios, asociados y equipo en general.

BARKER & JULES™ y sus derivados son propiedad de BARKER & JULES LLC.

BARKER & JULES, LLC
500 Broadway 606, Santa Monica, CA 90401
barkerandjules.com

ÍNDICE

INTRODUCCIÓN   13

CAPÍTULO I. SIGNIFICADO DE LA EDUCACIÓN FAMILIAR BASADA EN LOS VALORES   21

1. EDUCACIÓN PARA LA VIDA   21

1.2 La formación de la personalidad: infancia y adolescencia   36

2. VALORES MORALES EN LA EDUCACIÓN FAMILIAR   40

2.1 Comunicación con los profesores   45

3. CAUSAS Y CONSECUENCIAS DE LA VIOLENCIA FAMILIAR   49

3.1 Derechos de los menores   52

4. DISCIPLINA EN LA FAMILIA   55

4.1 El niño y las tareas en el hogar   57

CAPÍTULO II. PROBLEMÁTICA ACTUAL RELACIONADA CON UNA DEFICIENTE EDUCACIÓN FAMILIAR   63

1. LOS VALORES SOCIOCULTURALES Y SU INFLUENCIA EN LA FAMILIA   63

1.1 Una sociedad resquebrajada en sus valores humanos   68

1.2 La influencia negativa de los medios electrónicos   73

2. LA EDUCACIÓN AUTORITARIA   80

2.1 El autoritarismo en la familia   80

2.2 El autoritarismo en la escuela   87

3. PROBLEMÁTICA FAMILIAR ANTE LA PÉRDIDA DE VALORES   91

3.1 Adicciones en niños y adolescentes   91

3.2 Embarazos en niñas y adolescentes   95

3.3 Violencia intrafamiliar   97

3.4 Situación del maltrato infantil en el contexto mundial 102

3.5 Delitos y abusos sexuales en México contra niñas, niños y adolescentes. 107

3.6. Los malos hábitos alimenticios en niños y adolescentes 110

4. PADRES DE FAMILIA CON PROBLEMAS DE ADICCIONES 117

CAPÍTULO III. QUÉ ACCIONES DESARROLLAR PARA EDUCAR A LA FAMILIA EN LOS VALORES HUMANOS 121

1. CÓMO EDUCAR A LOS HIJOS EN LOS VALORES HUMANOS 121

1.1 Ayudar a los hijos para que tengan un desarrollo integral de su personalidad 125

1.2 Cómo educar en la conciencia moral autónoma a los niños y adolescentes 129

2. UN TRATO A LOS HIJOS DE RESPETO A SUS DERECHOS HUMANOS Y ACORDE A SUS PROPIAS NECESIDADES 138

3 CÓMO ACTUAR ANTE PROBLEMAS FAMILIARES CON UN ENFOQUE BASADO EN LOS VALORES — 146

3.1 Cómo tratar a un hijo con problemas de adicciones — 146

3.2 Cómo actuar ante la violencia intrafamiliar — 150

3.3 La prevención y atención del embarazo en adolescentes — 154

3.4 Cómo atender a un hijo que sufre violencia escolar o es violento en la escuela — 162

3.5 Cómo tratar a un hijo o hija rebelde y de comportamiento violento. — 173

3.6 Cómo fomentar los buenos hábitos alimenticios en los niños — 179

4. EDUCAR EN LA FAMILIA PARA LA JUSTICIA, LA LIBERTAD Y LA DEMOCRACIA — 187

5. LA INTELIGENCIA EMOCIONAL: EDUCAR PARA LA FELICIDAD — 192

6. REFLEXIONES MOTIVACIONALES PARA CREAR EXPECTATIVAS HUMANAS, PROFESIONALES E INTELECTUALES. — 203

7. CUENTOS Y FÁBULAS PARA LA EDUCACIÓN FAMILIAR BASADA EN VALORES.   207

8. IDEAS Y SUGERENCIAS PARA EL RESCATE Y PRESERVACIÓN DE LOS VALORES HUMANOS EN LOS PAÍSES DE AMÉRICA LATINA Y EL MUNDO QUE HOY VIVEN LA TRANSICIÓN POLÍTICA.   226

REFERENCIAS BIBLIOGRÁFICAS

237

DEDICATORIA

A todos los hombres y mujeres del mundo que tienen la enorme dicha de ser padres de familia y que se esfuerzan a diario por hacer de los hijos personas de grandes virtudes, principios y valores humanos, para que transiten siempre por la senda del bien y a favor de la humanidad.

INTRODUCCIÓN

Actualmente, la mayoría de los países afrontan crisis económicas recurrentes, lo que produce carestía, desempleo, pobreza, bajo crecimiento económico, inflación, fuga de capitales, etc. Ante esto, los gobiernos optan por una serie de medidas como la privatización de empresas y los servicios públicos, endeudamiento externo e interno, apoyo financiero a las grandes empresas, devaluación de la moneda, recortes al gasto público, entre otros. Dichas medidas, lejos de sanear las finanzas de un país, traen como consecuencia una mayor crisis social en la que prevalece el caos y se viven los más altos índices de pobreza y desigualdad para la mayoría de la población, lo cual se manifiesta básicamente en: Aumento de la delincuencia y el crimen organizado, corrupción, impunidad, homicidios, deficientes servicios públicos para la población y muchos problemas más. Estas crisis internas que los países sufren y que ocasionan debilitamiento económico, dan lugar a la intromisión de las hegemonías capitalistas a través de apoyos financieros y fuertes inversiones de grandes empresas trasnacionales que hoy se extienden por casi todos los países subdesarrollados. Esa intervención globalizadora conlleva, además, a la invasión cultural, ideológica y política.

En la mayor parte de los países la situación de pobreza es similar y bajo el mismo común denominador: Una crisis de valores humanos que dan origen a la aparición de conductas de miedo, apatía, desconfianza, desesperación, rebeldía, desesperanza y desilusión.

Pero los individuos desean superarse, progresar y salir de la situación en la que se encuentran, más no saben cómo lograrlo porque desconfían de las instituciones, del estado de derecho, de los gobiernos, de los partidos políticos, de las iglesias, de las asociaciones civiles y de todo tipo de estructuras representativas de la sociedad, incluyendo a la escuela. Esta psicosis que los individuos viven, los hace pensar que, para ser exitosos y triunfar en la vida, hay que ser tramposos, delincuentes, corruptos y malvivientes; esos son los ejemplos palpables que observan a su alrededor. A sus mentes llegan pensamientos como: "Si la persona es buena, es porque es tonta", "Si eres limpio, te quedarás limpio y no tendrás nada", "Si eres justo, serás el blanco de los malvados". Es sorprendente ver que, en vastas zonas de la república mexicana y América Latina, se escuche a los niños y jóvenes expresar sus aspiraciones personales con los sueños de llegar a ser "narco", "sicario", regidor, diputado, presidente municipal o senador de la república; pues saben que esos "oficios" son redituables y no necesitarán estudiar, ni titularse en ninguna universidad. Como lo afirma el filósofo griego Demócrito, hace más de 2 mil años, "Todo está perdido cuando los malos sirven de ejemplo y los buenos de mofa".

Sin lugar a dudas, ser padre de familia es algo extraordinario; pero, así como podemos hacer de los hijos grandes personas, respetados y queridos por la sociedad, serviciales y de grandes valores; también podemos hacer que se conviertan en los seres más despreciables, injustos, malvados, ruines y perversos si no actuamos con buenos ejemplos, orientaciones y consejos a través del cariño y la inteligencia.

En este libro se presentan una serie de ideas, sugerencias y alternativas que nos marcan la dirección a seguir para que en la familia reine la paz, la armonía y la buena convivencia; además, qué y cómo hacerle para que los hijos lleguen a tener grandes expectativas personales, profesionales e intelectuales, sobre todo, en el aspecto humano.

Este material, no pretende ser un recetario a seguir para educar en los valores, ni mucho menos una barita mágica que rápidamente resuelva nuestros problemas familiares. Al contrario, lo que se muestra, son valiosas alternativas que requieren de nuestro empeño y esfuerzo que, como padres de familia, podemos hacer para llegar a construir un entorno familiar seguro, saludable y propicio para el buen desarrollo de los hijos.

En el primer capítulo se dan a conocer conceptos y definiciones importantes acerca de la educación, los valores, tipos de familia, la crisis en los valores humanos, efectos nocivos de la globalización en los valores humanos, entre otros temas. Se menciona, también, la importancia que tiene en la familia la buena comunicación entre padres e hijos, así como causas y consecuencias de la violencia familiar, el papel de la disciplina y su importancia en la buena convivencia familiar. A su vez se aborda el tema los derechos de los menores y el cumplimiento de éstos para que gocen de buena salud y desarrollo sano, tal y como lo contemplan los acuerdos y leyes internacionales.

En el segundo capítulo, se dan a conocer datos e indicadores relevantes sobre la problemática que viven actualmente las sociedades debido a la pérdida de los valores humanos, sobre todo para los miembros de las familias cuando no son educados correctamente. Algunos de estos temas son: El consumo de alcohol y drogas en los menores; los embarazos en niñas y adolescentes desde la óptica de organismos internacionales como la Organización Mundial de la Salud (OMS) y el Fondo de las Naciones Unidas para la Atención de la Infancia (UNICEF). Subsecuentemente, se analiza el fenómeno de la violencia intrafamiliar, así como sus causas y consecuencias en el entorno familiar; el maltrato infantil en el contexto mundial; las alarmantes cifras de los delitos de abuso sexual que se cometen en México. Al finalizar el capítulo, se menciona el problema de la obesidad en México y los países de América, debido a los malos hábitos alimenticios y cómo esto ha llegado a convertirse en un problema de salud pública para la población en general.

En el tercer capítulo, se dan a conocer una serie de acciones y alternativas que habrán de realizar los padres de familia para llevar a cabo una educación familiar basada en los valores humanos, tales como la formación integral de la personalidad en los infantes y una serie de recomendaciones importantes para alcanzar el desarrollo de la conciencia moral autónoma. Se muestran, además, algunas estrategias de cómo atender y prevenir los problemas más importantes que suceden actualmente en las familias, cuando los hijos no son educados en los valores humanos, tales como: El tratamiento en el hogar de un hijo (a) que tiene problemas de adicciones; cómo actuar ante el problema de la violencia intrafamiliar; la prevención y atención de los embarazos en niñas y adolescentes; cómo atender a los hijos que son violentos en la escuela o que sufren actos de violencia; recomendaciones importantes para brindar ayuda a los hijos que son rebeldes en el hogar; acciones para fomentar los hábitos alimenticios saludables en los menores. Se da a conocer también, en este apartado, cómo educar a los hijos en la justicia, la libertad y la democracia; pues son valores universales y trascendentales para ayudar a las sociedades y a los individuos a vivir en paz y armonía. Se enumeran, además, una serie de ideas de cómo educar a los menores en la inteligencia emocional, con el punto de vista de reconocidos expertos en la psicología infantil. Se sugiere en este capítulo, la aplicación de algunos recursos didácticos eficientes que los padres podrán utilizar para transmitir y fomentar valores en el ámbito familiar como lo son: cuentos infantiles, fábulas, canciones y bailes tradicionales de los pueblos.

En la parte final del último capítulo, se dan a conocer algunas ideas y sugerencias sobre las acciones que mínimamente tendrán que implementar los países de América Latina y del mundo, que hoy viven en periodo de transición política hacia la construcción de sociedades más justas, democráticas e igualitarias; a fin de rescatar los valores humanos y la reconstrucción del tejido social en los pueblos inmersos hoy en día en una grave crisis de valores humanos.

Si los gobiernos no invierten los suficientes recursos en proporcionar una educación de excelencia a sus pueblos, gastarán más en remediar los males que esto ocasiona: Se construirán más cárceles, hospitales, orfanatorios, centros de rehabilitación para adictos, entre otros; aunado con un aumento de gastos en armamento, policías y guardianes para cuidar a la población.

CAPÍTULO I

SIGNIFICADO DE LA EDUCACIÓN FAMILIAR BASADA EN LOS VALORES

1. EDUCACIÓN PARA LA VIDA

Recordando al filósofo prusiano Immanuel Kant (1724-1804): "Únicamente por la educación el hombre puede llegar a ser hombre". Con esta frase se interpreta el gran significado que tiene para el acto educativo el sentido humano, es decir, educar consiste en formar a los individuos dotados de sentimientos, emociones y pensamientos para que sean capaces de convivir e interactuar pacíficamente en sociedad. Cabe recordar que la educación familiar es el primer tipo de educación que los seres humanos reciben y los primeros educadores son los padres de familia. Es esta educación la que más impactará nuestra personalidad y formación que habremos de tener en nuestra vida.

Diferencia entre instruir y educar.

Instruir. - es enseñar o transmitir conocimientos o información a un individuo a fin de prepararlo en un área del trabajo, la ciencia o la tecnología.

Educar. - es un concepto mucho más amplio, ya que se refiere básicamente al "para qué" del conocimiento, tal como lo define la UNESCO (Organización de las Naciones Unidas para la Educación, la Ciencia y la Cultura) en su informe de la Declaración Delors (1996) "Los cuatro pilares de la educación para el siglo XXI" que son: aprender a saber, a hacer, a vivir juntos y a ser. En su amplia definición nos muestra que educar implica actuar en el campo de las actitudes y los valores, es decir, se refiere a "un proceso continuo, permanente y actualizado que tenga como fin un aprendizaje que contribuya a la formación integral del individuo orientado a la sana convivencia, a practicar el bien a los demás, a la solución pacífica de los conflictos y a poner en práctica como forma de vida en la sociedad los principios y valores de libertad, justicia, democracia y equidad".

Toda persona recibe una formación inicial en la familia, posteriormente, la escuela es la encargada de darle continuidad a su formación con el buen desarrollo de actitudes, capacidades, habilidades, destrezas y valores. Es por ello que se debe contemplar una estrecha relación y comunicación entre educadores y padres de familia, porque de esa buena relación dependerá que se atiendan las necesidades básicas de los alumnos y se le dé la continuidad requerida. Bajo esta premisa, jamás la educación debe estar desconectada de las necesidades reales del individuo (García, 2021).

Bajo el panorama de descomposición social mundial y nacional que existe, ¿cómo debería de ser una educación para la vida que los padres de familia proporcionan a sus hijos en el hogar? Lo cierto es que entre la línea que divide la puerta de la casa con la calle, existe una realidad que los padres deben tomar en cuenta a la hora de formar y educar a los hijos; con un medio social plagado de problemas como drogadicción, delincuencia, corrupción, impunidad, promiscuidad, violencia, vicios, crímenes, abuso contra infantes, campos de exterminio, trata de personas, feminicidios, etc. Los niños o adolescentes, con su escasa cosmovisión, no alcanzan a detectar la infinidad de problemas que existen en la sociedad. Se requiere entonces que los alertemos de los males que los estarán acechando al acudir a los lugares de diversión, a la escuela o con sus amigos. Es necesario una educación que responda a las necesidades y realidades socioculturales de su entorno, como bien lo mencionan los autores (Ortega, Mínguez y Gil, 1996).

Una educación para la vida consiste también en motivarlos para que aprendan tareas u oficios que nosotros como padres les podemos enseñar en el propio hogar, poniendo en práctica nuestras experiencias; se trata, pues, de formar a nuestros hijos en el trabajo, en algún oficio o profesión y, sobre todo, que despertemos en ellos expectativas de desarrollo y crecimiento personal para que sean personas productivas y exitosas. Es decir, que adquieran y cultiven el gusto por el trabajo honrado o el estudio, que los harán personas de bien, poseedoras de gran respeto en la sociedad de la que formarán parte en su etapa adulta.

Es importante educar a los hijos en los valores humanos, ya que estos ocupan actualmente un lugar destacado en cualquier tipo de educación y a su vez les permite desarrollarse adecuadamente en un mundo en constante cambio, promoviendo conductas de participación responsable en la mejora de la realidad (Nieto, 2009).

1.1 Tipos de familia y estilos de crianza

Entendamos por familia "Un grupo de personas unidas por su parentesco". Este grupo puede estar conformado por vínculos consanguíneos o por otros vínculos de constitución legal y social. Veamos algunos tipos de familia:

a) Familia nuclear

Está compuesta por un padre, una madre y los hijos de ambos. Se llama nuclear porque se trata de un núcleo único. Si alguno de los integrantes crea su propia familia (como ocurre cuando los padres se separan o cuando los hijos se independizan) entonces ya no se considerará nuclear.

b) Familia extensa

Se refiere a las conexiones de sangre o parentesco que unen las generaciones sucesivas a través de líneas de descendencia paternas o maternas. Es decir, aquellas conformadas por padre, madre, hijos, abuelos, tíos, sobrinos, primos, etc.

c) Familia reconstituida

Está formada por una pareja en la que uno o ambos miembros tienen hijos o hijas de una relación anterior, pudiendo residir con ellos o bien con sus otros progenitores. Esta se caracteriza por la introducción de una nueva relación conyugal en la familia, con la existencia o no de hijos de anteriores parejas o relaciones conyugales.

d) Familia monoparental

Este tipo de familias son aquellas que están formadas por uno de los progenitores (madre o padre) y sus hijos.

e) Familia homoparental

Es aquella donde una pareja de dos hombres o de dos mujeres se convierten en progenitores de uno o más niños. Las parejas homoparentales pueden ser padres o madres a través de la adopción o de la inseminación artificial, en el caso de las mujeres (Babarro, 2020).

También se entiende que familia "es el ambiente natural e insustituible para educar a los hijos, al ser los padres los primeros educadores y responsables directos del cuidado y educación de los hijos" (Vidal, 2006, p. 28). O como lo señalan algunos autores al hablar sobre la importancia que representa la familia en la formación de los individuos: La historia familiar para cualquier persona es el sostén, el cimiento y la red primera sobre el cual se construirán nuevos saberes (Toledo, Sosa, Aguilar y Colín, 2010).

FAMILIA NUCLEAR

La influencia de los padres de familia jugará un papel muy importante en la formación de los hijos; por eso, si los padres los educan y orientan bien, estos tendrán buenas bases y una personalidad íntegra que les permitirá vivir una vida sana, tanto en su ambiente familiar, como en el escolar y social. Por otra parte, si los padres se comportan en el hogar con violencia y actúan con malos hábitos personales, seguramente los hijos seguirán los mismos roles y ejemplos, pues se estarán formando de la misma manera que sus progenitores y actuarán en base a esos tipos de conducta. Es muy probable que los infantes actúen básicamente por imitación en los primeros años de vida (Ruiz, Sánchez y De Jorge, 2012).

Los padres requieren estar preparados para educar y orientar de la mejor manera a sus hijos a fin de lograr en ellos un desarrollo personal con una perspectiva integral. No basta sólo que se vean satisfechas las necesidades fisiológicas e intelectuales, sino que además es imprescindible atender el desarrollo afectivo desde el momento en que se decide ser padre o madre. El deber de los padres es estar informados sobre el importante papel que juegan como pilares principales de la familia y, además, conocer el desarrollo de los niños en su aspecto social, intelectual y emocional. De esto dependerá de que los hijos crezcan y tengan un desarrollo integral en su personalidad y puedan así enfrentarse a los grandes retos de lo que significa hoy en día vivir en sociedad (De León y Silio, 2010).

Algunos autores conciben a la educación familiar como *estilos de crianza*, al hacer referencia a la naturaleza y la relación que se establece entre padres e hijos. Según Baumrind (1991) hay tres tipos de esta relación:

a) *Estilo Autoritario*. Controles estrictos y restricciones de comportamiento que se rigen por el castigo, la sanción, el control y la prohibición.

b) *Estilo Permisivo*. Ausencia de límites en la relación parental. En este tipo de relación se asocia a mayores niveles de agresión y comportamiento delincuencial. Los padres permiten que los hijos asistan a donde deseen ir y a hacer lo que quieran y con quien sea.

c) *Estilo Democrático*. Se propicia el diálogo y se promueve la independencia de los hijos a través del respeto y el buen entendimiento. Los padres actúan y orientan a los hijos buscando el bienestar y la superación para ellos.

Lamborn *et al.* (1991) proponen un cuarto estilo de crianza: *El Negligente*. En este, los padres no se involucran en la crianza de los hijos, sino que actúan indiferentes a lo que ellos hagan manteniéndose distantes en esa relación familiar.

Toda familia vive un proceso de organización en el que hijos y progenitores juegan un papel muy importante, cada miembro de la familia es responsable de ciertas tareas con el propósito de que todos convivan en buena relación y armonía. Existen tres tipos de relación en la familia: de padres a padres, de hijos con hijos y de padres a hijos. La función principal de los padres es que este proceso de organización se lleve a cabo de la mejor manera posible, ya que de eso depende para que todo funcione bien dentro del entorno familiar.

Diríamos entonces lo siguiente: ¿Quién educa a quién en ese proceso de organización? ¿En manos de quién está la educación en la familia? Bajo la óptica y enfoque que se pretende mostrar en este apartado, recordemos la gran frase del pedagogo brasileño Paulo Freire "Nadie educa a nadie, nadie se educa a sí mismo, las personas se educan entre sí con la mediación del mundo". Diremos, pues, que el proceso de organización al que hacemos referencia es una tarea que se lleva a cabo en la familia, el cual tanto padres como hijos juegan un rol diferente. La familia, como ya lo hemos dicho, es un colectivo de individuos con lazos consanguíneos o legales que cohabitan en un espacio determinado para satisfacer las necesidades de sobrevivencia.

En base a lo anterior diremos que los padres, con sus experiencias y conocimientos, deben contribuir para que los miembros de la familia participen en dicho proceso de organización; asesorar y orientar a los hijos es su deber principal. De esa manera, quien educa a los miembros de la familia, es el proceso mismo de organización que, a su vez, marcará quién y cómo realizarán el cúmulo de tareas en beneficio de la propia familia. Se trata entonces de que todos los miembros de la familia contribuyan para crear un entorno familiar democrático de bienestar y sana convivencia. Esto significa que los hijos deben también participar en el bienestar de la familia y es conveniente darles la oportunidad de colaborar, opinar e incluso decidir sobre acciones en las que su capacidad les permita. No se trata solamente de que sean seres obedientes, sino que, poco a poco, se conviertan en individuos autónomos y autosuficientes con capacidad crítica y creativa; capaces de intervenir en tareas productivas importantes, aunque no sean adultos todavía.

Vivimos en una sociedad en la que a nadie se le educa para ser padre, sino que cada padre de familia orienta a sus hijos como mejor le parece o la forma como ellos fueron educados cuando eran niños. Se guían a veces por la forma en que los amigos, familiares o vecinos tratan o educan a sus hijos. Y, aunque tratan de seguir algunos ejemplos, al paso del tiempo se dan cuenta que los resultados no son los deseables.

Para comprender a fondo el proceso de organización que debe vivirse en el seno de cada familia y en la educación familiar que ahí se imparte, plantearemos las siguientes interrogantes:

- ¿Quiénes aportan los recursos en la manutención de la familia?
- ¿Qué tareas adicionales realizan los padres en busca del bienestar familiar?
- ¿Quién realiza las tareas de educación y orientación en la familia?
- ¿Qué tipos de ejemplos a seguir dan los padres a los hijos en el hogar?
- ¿Qué tareas en el hogar realizan los hijos y quién se las asigna?
- ¿Los padres de familia están al pendiente de la educación que reciben los hijos en la escuela?
- ¿Cómo es el trato que se les da a los hijos en el entorno familiar (autoritario, de respeto, permisivo, indiferente, etc.)?
- ¿Existen problemas graves en la familia tendientes a la desintegración familiar (violencia familiar, drogadicción, alcoholismo, etc.)?
- ¿Con qué experiencias educativas cuentan los padres de familia para dar una educación integral a los hijos (cursos, profesión, grado de escolaridad, etc.)?
- ¿Qué tipo de trato o educación recibieron los padres de familia cuando eran niños, tanto en la escuela como en la familia?

Las anteriores interrogantes son de gran importancia para todo padre de familia, pues, dependiendo del tipo de respuesta, será el estilo de crianza que prevalecerá en ésta misma. Así es que, para educar integralmente a los hijos, se requiere tomar en cuenta una serie de factores los cuales deben ser considerados oportunamente si se quiere actuar para prevenir la desorganización y la posterior desintegración de la familia. La tarea de educar a los hijos en los valores no es fácil como para tomársela a la ligera, por el contrario, se requiere saber cómo actuar ante cualquier situación que amenace la buena convivencia y el bienestar de la familia.

Es conveniente capacitarse y estar informados, sobre todo entender que las formas de comunicación que utilizan los hijos con sus compañeros son muy variadas; en especial, el uso de las tecnologías digitales, donde las redes sociales son manejadas por los niños y adolescentes cada vez con mayor facilidad. Esto quiere decir que es necesario que el padre sepa cómo la información fluye e influye en el comportamiento de los hijos. Veamos algunas de las interrogantes mencionadas y la manera en la que se relacionan con la educación que se les proporciona a los hijos en la familia:

¿Quién aporta los recursos en la manutención de la familia?

No es lo mismo, por ejemplo, que sólo sea el padre el que labore para llevar el sustento de la familia a que también la madre se encargue de esta tarea. En muchos de los hogares (y cada vez más en la sociedad moderna) hombres y mujeres se preparan en alguna profesión u oficio a fin de incorporarse a la vida laboral. El bajo salario obliga, incluso, a que uno de los dos trabaje doble turno para alcanzar a satisfacer las necesidades del hogar. En muchas de las ocasiones es muy poco el tiempo que los padres dedican a los hijos para educarlos y darles la orientación necesaria.

Mientras los padres laboran, los hijos pasan gran parte de su tiempo con un familiar o personas que se encargan de su cuidado. Algunas veces los hijos viven el encierro por parte de los padres al momento que acuden a su trabajo y en otras ocasiones los menores actúan con demasiada libertad para acudir a cualquier lugar con sus amigos o compañeros de escuela, expuestos desde luego a realizar actividades ilegales e involucrarse en múltiples problemas.

 Esto no quiere decir que debe evitarse el trabajo del padre y la madre para atender mejor a sus hijos, sino que se requiere de organizar los tiempos para planificar cómo educarlos y en qué momentos darles una orientación de la mejor manera, aun estando fuera de casa. Se trata también de que el tiempo dedicado a ellos sea bien aprovechado, o sea, que tanto el padre como la madre organicen sus tiempos y les den una buena educación basada en los valores humanos que requieren para su buena formación. En los capítulos siguientes se revisarán algunas estrategias de cómo educar a nuestros hijos con este enfoque y con las implicaciones que para el caso se requieren. Veamos la segunda interrogante:

¿Qué tareas adicionales realizan los padres en busca del bienestar familiar?

Las tareas que realizan los padres de familia en el hogar son determinantes en el tema de la educación familiar, ya que estas ponen de manifiesto el tipo de ejemplos que se les deberá dar a los hijos. El buen ejemplo de los padres es una de las mejores formas de educar en la familia. Estas tareas nos dan la gran oportunidad de hacer que nuestros hijos se involucren y colaboren en el bienestar de la familia y al mismo tiempo de que se formen en los valores tan importantes que se necesita inculcar en el seno de la propia familia. Algunas actividades podrían ser: labores de limpieza, plantar árboles, jardinería, pintar bardas, así como otras actividades que ayuden a tener un mejor orden y una mayor seguridad en la casa.

1.2 La formación de la personalidad: infancia y adolescencia

La personalidad se define como un patrón de comportamiento, pensamiento y emoción relativamente estable en el tiempo y a través de las diferentes situaciones que vivimos. Es decir, se hace referencia al conjunto de rasgos y cualidades que configuran la manera de ser de una persona que lo hacen diferente ante los demás. Es fundamental comprender que la personalidad de un hijo es el resultado de una mezcla de complejos factores y procesos que se remontan a los primeros años de su vida y desempeñan aquí de manera decisiva la naturaleza del niño, así como el tipo de educación que recibe de sus padres o profesores (Campion, 1994).

Por otro lado, la teoría de Eysenck con el modelo PEN (Psicoticismo, Extraversión y Neuroticismo) sostiene que los rasgos de la personalidad difieren debido a cuestiones genéticas, aunque no descarta la influencia del medio ambiente y situacionales como las interacciones familiares en la infancia, de ahí su enfoque biopsicosocial en la formación de la personalidad.

La familia desempeña funciones importantes en el desarrollo del niño, ya que es el lugar donde se desarrolla nuestra identidad, quiénes somos y cómo somos. También aprendemos patrones de socialización: cómo comportarnos con las personas que nos rodean y cómo manejar nuestras emociones. Incluso, a decir de algunos autores, existe un vínculo también entre la familia y el éxito académico (Parra y García, 2005).

Diversas teorías coinciden en que son dos las etapas de la vida que tienen que ver con la formación de la personalidad de todo ser humano: la infancia y la adolescencia.

La infancia se caracteriza por la adquisición de valores, creencias y normas provenientes del exterior, aprendidas a través de la imitación a otras personas, aunque con muy poco sentido crítico. En esta etapa la personalidad empieza a formarse según las características del temperamento y desde luego con el estilo de crianza.

La adolescencia es la etapa de la vida en que pasamos de ser niños a adultos, es una etapa clave en la formación de la personalidad. En esta compleja etapa el individuo se encuentra en proceso de cambio y al mismo tiempo aumentan las expectativas respecto al comportamiento. Este periodo de la vida comprende regularmente desde los 12 a los 20 años y es catalogada como *la etapa de cambios físicos y psicológicos* en los individuos (Castillejo, 2020).

Podría decirse que la adolescencia es la etapa más difícil de la vida para cualquier individuo. Es precisamente aquí donde la persona carece de identidad propia y eso lo hace presentar una variedad de comportamientos, dependiendo de cada situación que se le presente. Un día quiere ser de un modo; otro día de otro, dependiendo de las personas con las que se relaciona o de otros modelos de comportamiento que recibe por influencia de los medios como las series, novelas, películas, videojuegos, etc. Esta etapa de la vida es determinante en el tipo de personalidad que llevará el individuo en su vida adulta. Es en esta edad donde pueden surgir problemas de comportamiento, conductas antisociales, problemas de concentración, depresión, ansiedad, problemas de sexualidad u otros. En esta fase de la vida puede ser influenciado negativamente por otros compañeros y convertirse en un delincuente, alcohólico, drogadicto; o tener problemas de autoestima, dificultades en la comunicación y aversión a la comida. Por el contrario, si el individuo es ayudado con una buena orientación o educación, puede llegar a convertirse en un joven exitoso, estudioso, emprendedor, de buenos valores y sentimientos.

Es de recalcar que este periodo de la adolescencia es el que marcará el rumbo o camino que seguirá el individuo a lo largo de su vida, de ahí la importancia de que los padres de familia o tutores orienten debidamente a sus hijos para que, esta etapa tan difícil, sea sobrellevada de la mejor manera. Entender también, que, debido a los cambios hormonales y psicológicos de los adolescentes, es importante que los padres tengan respeto y paciencia a los hijos, sobre todo en los cambios repentinos que se presenten en el comportamiento. Lo cierto es que un buen clima familiar hace que las personas que convivan en él, se sientan seguros y no tengan reparos en expresar sus inquietudes, deseos, temores, sentimientos y emociones; repercutiendo directamente en el aprendizaje y desarrollo, desde una perspectiva positiva y adecuada (De León y Silió, 2010).

Un niño o adolescente no educado en la casa por sus padres, será educado fuera de ella, y la calle educa con golpes (físicos o emocionales) (Jáuregui, 2017). Es por eso que como padres se requiere ocuparse de sus hijos, comprender sus necesidades y sus exigencias. Esta no es una tarea fácil, ya que también se trata de guiarlos en sus aprendizajes sociales sin caer en prohibiciones, castigos, prepotencia y otras formas autoritarias que lejos de formarlos en los buenos valores, los induce a comportarse de manera nociva hacia los demás (Barudy, 2014).

2. VALORES MORALES EN LA EDUCACIÓN FAMILIAR

Entendemos como valores al conjunto de criterios o normas que orientan nuestra vida en la dirección correcta, que nos dan identidad y que nos hacen diferentes a las demás personas. Son los valores los que fijan el tipo de comportamiento que requieren los individuos de una familia o de una sociedad, para tener relaciones o interacciones afectivas y buena comunicación con el propósito de lograr una grata convivencia, amistad y armonía. Se concibe al hogar como el punto de partida de la enseñanza en los valores al ser el lugar en el que los padres preparan a los hijos a actuar y convivir en la sociedad (Ferro, 2017).

Como sostienen algunos pedagogos, el *acto educativo* que se da en cualquiera de los ámbitos, sea en el escolar o el familiar, se requiere incluir al menos tres tipos de contenidos:

a) *Informativos*. Se refiere al "qué", es decir, ¿Qué tipo de información o conocimientos debemos proporcionar a los hijos al momento de orientar, aconsejar o educarlos? Desde luego, nos referimos al tipo de experiencias que tenemos y deseamos que aprendan al ser aplicadas por ellos mismos en su vida cotidiana. En otras palabras, es la enseñanza de experiencias positivas y conocimientos eficaces que se mostrarán en el mejor momento para que éstas sean bien asimiladas por los hijos. Las buenas experiencias aplicadas por los progenitores en el hogar pueden ser una excelente motivación que los prepare en el futuro para tener una vida de mucho éxito y productividad.

b) *Procedimentales*. Se refiere al "cómo", es decir, ¿Cómo hacerle o qué estrategias requerimos emplear para que los hijos acepten lo que les queremos transmitir o enseñar? Aquí no se trata de obligarlos o imponerles lo que deben hacer y aprender, sino por el contrario, se necesita una labor de conciencia a través del convencimiento y la motivación personal, sólo de esa manera podemos hablar de una enseñanza basada en los valores humanos. Hay que recordar que la autoridad se gana con el buen trato, no se impone por la fuerza o con el autoritarismo de los padres.

c) *Actitudinales*. Se refiere a los valores que se han de transmitir a cada paso en el acontecer cotidiano de la vida familiar. Por ejemplo, si queremos transmitir o fomentar el valor de la solidaridad, es conveniente que los hijos vivan y sientan este valor como forma de vida a través del ejemplo de los propios padres. En cada acción o comentario que se haga en la vida familiar, debe estar presente que el servir y apoyar a las personas que necesitan ayuda, es una noble acción humanitaria que es necesario seguir en nuestra relación con la sociedad. En los siguientes capítulos se mencionarán algunas estrategias recomendadas para que nuestros hijos se apropien de estos importantes valores que habrán de poner en práctica en cualquier contexto social en el que se desenvuelvan. Un padre de familia que actúa responsablemente necesita ser congruente entre lo que expresa y sus acciones, por lo que requiere, siempre estar dispuesto a compartir con los demás lo poco o mucho que tiene, porque los hijos serán los primeros observadores de su comportamiento ante los demás (Soe, 2009).

En versión de algunos autores, educar con este enfoque implica crear condiciones para estimular los valores que permitan el desarrollo de conocimientos y actitudes propias para la convivencia pacífica (Ochoa y Peiró, 2012). A saber, son los valores consagrados en las sociedades plurales y democráticas a lo que se le denomina educación moral.

Existen muchos valores tan significativos que los padres necesitamos fomentar constantemente para una educación familiar basada en este enfoque. Es conveniente ponerlos en práctica en la familia para que nuestros hijos tengan la orientación necesaria que los lleve a tener una buena convivencia al interior del hogar y desde luego prepararlos para que en el mañana se conviertan en personas respetables y de buen comportamiento en la sociedad. Veamos a continuación algunos importantes valores:

- *Responsabilidad.* Tomar conciencia en hacer realmente lo que a cada quien le corresponde. Se hace referencia a todas las actividades que las personas tienen el deber de realizar, como en el caso de los menores, serian: tareas escolares, tareas en el hogar, tareas de higiene personal, etc.
Como padres de familia, la responsabilidad sería 'cumplimiento cabal de hacer lo que nos corresponde', hacerlo bien en tiempo y forma. Respecto a la familia, tenemos el compromiso y la responsabilidad de orientar a nuestros hijos de la mejor manera posible, para que tengan una vida plena basada en el trabajo, el estudio, el esfuerzo y aprendan a construir su proyecto de vida que mejor les convenga.
- *Solidaridad.* Se recomienda inculcar a los hijos el importante valor que tiene el poder servir o ayudar a quienes lo requieran. Es importante orientar a los niños pequeños para que aprendan a compartir y ser solidarios con los demás. Esto es importante hacerlo en cualquier situación que se presente y en cada momento, sobre

todo al notar actitudes de egoísmo ante otros niños, por ejemplo, el no querer compartir sus juguetes al momento de estar conviviendo. Sin duda que el niño notará que al compartir algo será más querido y apreciado por sus compañeros y por lo tanto poco a poco aprenderá a tener mejores relaciones de convivencia.

- *Humildad*. Educarlos para que no se sientan superiores a los demás, ni ser soberbios y vanidosos frente a sus compañeros, sino que asuman con sencillez y humildad sus triunfos y éxitos, respetando siempre a los que carecen de habilidades y capacidades en el desempeño de cualquier actividad o tarea que se les encomiende en la escuela o en la familia.
- *Respeto*. Aprender a respetar las diversas formas de pensamiento sin discriminar a nadie por razones de género, raza, color de piel, discapacidad, estatura, condición socioeconómica, etc. Los niños deberán respetar las diversas formas de pensamiento sin denostar ni burlarse de nadie, ni hacer sentir mal a las personas bajo ninguna razón o pretexto.
- *Honestidad*. Actuar con sinceridad y con estricto apego a la verdad ante cualquier situación que se les presente.
- *Empatía*. Saber comprender a las personas ante cualquier situación problemática que se

les presente, es decir, "ponerse en los zapatos del otro".
- *Autoestima.* Aprender a valorarse a sí mismo, es decir, conocer sus propios sentimientos, pensamientos y emociones para dirigirlos al fortalecimiento de la propia personalidad.
- *Paciencia.* Ayuda a controlar y canalizar su impulsividad mostrando una actitud serena.
- *Gratitud.* El reconocimiento que tenemos hacia las personas por el bien que realizan a los demás o a nosotros mismos.
- *Bondad.* Comportamiento humano tendiente a hacer el bien a los demás.
- *Justicia.* Es un valor que consiste en reconocer lo que por derecho y razón le corresponde a cada persona.

2.1 Comunicación con los profesores

Es un deber de los padres de familia estar en buena comunicación con los profesores de sus hijos a fin de compartir información de todo lo relacionado con la educación que ellos reciben. Una educación integral requiere que los profesores conozcan qué tipo de valores les transmiten sus padres, cómo el alumno aplica los conocimientos en su vida diaria y el tipo de atención (en general) que se le da en el seno del hogar. De la misma manera, un padre que eduque a su hijo en los buenos valores, tiene todo el derecho de saber qué tipo de atención recibe su hijo en el centro escolar. El intercambio de información entre los profesores y padres de familia será de gran importancia, porque en este ejercicio los padres se podrán dar cuenta del tipo de formación que reciben sus hijos; puede ser que en la escuela tengan un maestro autoritario que los trate con violencia y que, en lugar de estarlos formando en los valores, les está ocasionando problemas psicológicos y/o emocionales que les afectará por toda su vida.

Se trata, pues, de que los padres trabajen en sintonía con los profesores, para que, tanto en el hogar como en la escuela, se les proporcione una educación basada en los valores, como viene contemplado en la Ley General de Educación en México, especialmente en los artículos 77, 78, 79 y 80; en el tercer artículo constitucional; y en los planes y programas de estudio para la educación básica.

En el artículo 78 de la Ley General de Educación en México se establece la corresponsabilidad que deben de tener los padres de familia en el proceso educativo de sus hijos y del deber de participar: "[...] además de cumplir con su obligación de hacerlos asistir a los servicios educativos, apoyarán su aprendizaje, y revisarán su progreso, desempeño y conducta, velando siempre por su bienestar y desarrollo" (H. Congreso de la Unión, 2019).

La mayoría de los padres y tutores de niños de educación básica tan sólo acuden a las escuelas cada vez que deben firmar boletas de calificaciones, meramente para cumplir con los requisitos institucionales de los centros escolares. En realidad, son muy pocos los padres que llevan un buen seguimiento en los aprendizajes de sus hijos y que se interesan en saber la forma de enseñar de los profesores. Así es que, es poco probable que existan padres de familia que se interesen en saber si los profesores utilizan estrategias pedagógicas que fomenten los valores humanos, el desarrollo de las capacidades criticas creativas, la formación humanista, los buenos hábitos, etc. No obstante, nos atrevemos a pensar que, para la mayoría de los padres, los profesores buenos son los estrictos, los autoritarios, los que hacen demasiados exámenes, los que hacen memorizar a sus alumnos y les dejan demasiadas tareas.

Para un profesor, cada alumno refleja de alguna manera su realidad familiar, cultural y sus valores (entre otros) desde el momento en que éste llega al salón de clases. Sin embargo, la obligación del profesor será establecer ese lazo de comunicación con las familias de los alumnos para que participen constante y activamente en su formación (Parra y García, 2005). Al establecerse esta alianza entre profesores y padres estaríamos hablando, bajo la voz de algunos autores, de una *educación integral* (Ruiz et al., 2012).

Los padres, profesores, alumnos y autoridad escolar deben conformar una comunidad de aprendizaje en donde estos actores establezcan los compromisos necesarios para que todos caminen hacia el mismo fin: Lograr que los educandos tengan una educación que responda a sus necesidades de aprendizaje. De esta manera la institución tendrá una función fortalecida de cara a la sociedad, los padres estarán más informados en relación al tipo de atención educativa que se les da a sus hijos y los alumnos tendrán un servicio educativo de mayor calidad (Parra y García, 2005). En la comunidad de aprendizaje, los diferentes actores establecerán pactos y acuerdos sobre las actuaciones de los educandos y los objetivos acordados e intentarán traspasar los conocimientos escolares a la vida diaria (Domínguez, 2010). Esa fusión entre la escuela con la familia tendrá como resultado una educación de calidad y, como es lógico, existirá el compromiso y deseo autentico de trasmitir y promover una formación basada en los valores humanos y su rescate, además de la construcción de una sociedad en la que prevalezca paz y armonía en sus habitantes.

3. CAUSAS Y CONSECUENCIAS DE LA VIOLENCIA FAMILIAR

Diversos autores definen a la violencia familiar o doméstica como un conjunto de actitudes o de comportamientos abusivos de un miembro de la familia que tiene como objetivo controlar a otro, de manera que éste actúe de acuerdo a sus deseos (Bermúdez, 2009).

Desde el punto de vista del citado autor, existen dos grandes causas ligadas al fenómeno de la violencia familiar:

La primera causa hace referencia a las dificultades que tienen los miembros de una familia para solucionar los conflictos entre ellos, principalmente en situación de estrés. Los conflictos en el hogar suceden de menor a mayor intensidad, se inician con pequeñas diferencias y por lo regular la violencia se incrementa con expresiones verbales y pueden llegar a empujones o agresiones físicas fuertes que desenlazan en lesiones o incluso la muerte de algún miembro de la familia. Una palabra o frase ofensiva puede desencadenar en escenas violentas donde los resultados serían verdaderamente fatales.

La segunda causa se asocia con factores socioculturales que favorecen la desigualdad entre ciertos grupos sociales, como los hombres y las mujeres, los adultos y los menores de edad, etc. Ligado a estos factores, y a la idiosincrasia de los grupos sociales, se manifiestan cierto tipo de frases como "El hombre es el que manda", "La mujer es para los cuidados del hogar", "Los hijos deben siempre obedecer a sus padres", "El jefe de la familia es el hombre", entre otros.

Desde la antigüedad ha existido el abuso de poder en la familia por parte de la figura paterna, en el que ha prevalecido el control por parte del padre sobre la madre y los hijos. Ese poder se ha traducido en un control en el que se ha conjugado el sentimiento machista donde el padre se ha ostentado como jefe o patriarca para decidir y ordenar lo que la mujer y los hijos habrán de obedecer al pie de la letra. Eso ha ocasionado que se llegue al abuso de poder o que la violencia doméstica se incremente cuando los hijos o la mujer se resisten a ese poder avasallador de sometimiento por parte del padre.

Por añadidura, el uso y abuso del alcohol y las drogas puede llegar a ser un factor causal del comportamiento violento del padre y que, a su vez, afecta la buena convivencia y armonía en el hogar. Una gran cantidad de casos de violencia en el hogar se debe a estas causas que, junto a otras como las que ya se han mencionado, pueden ocasionar problemas graves que dividen y destruyen la unidad en el entorno familiar. En resumen, podemos decir que las causas principales relacionadas a la violencia familiar son:

a) El consumo de alcohol y/o drogas.

b) El estrés, la depresión o la ansiedad en los padres.

c) El maltrato que los padres sufrieron por sus progenitores.

d) La falta de orientación para educar a sus hijos.

e) La baja escolaridad.

f) La situación de pobreza.

Velazco (2010), reconocido investigador sobre violencia intrafamiliar en México, señala que no sólo la mujer es víctima de la violencia sexual, daños físicos y crueldad mental, sino también los niños, quienes sufren golpes, quemaduras, cortadas y mutilaciones que pueden llegar al homicidio; maltrato y abuso sexual –que incluye tocamientos, exhibicionismo, violación–; prostitución del menor, agresiones emocionales, que comprenden: humillaciones, insultos, descrédito, daño a sus propiedades, etc. Abunda el mismo autor que "Estos pequeños crecen con una grave imagen de fragilidad, inseguridad y amenaza cuando su personalidad es introvertida. Si son extrovertidos, crecen con un modelo de impulsividad agresiva, reacciones violentas, alcoholismo, drogadicción e incluso vandalismo y delincuencia" (p. 29).

3.1 Derechos de los menores

Es obligación de todo padre de familia conocer los derechos de los niños, pues del cumplimiento de ellos dependerá el bienestar mundial que es uno de los puntos fundamentales para el progreso económico y social. Conocer los derechos de los niños, establecidos y reconocidos por los Organismos Internacionales, tiene que ver desde luego con el mejoramiento de las oportunidades y la calidad de vida de la población infantil mundial. Los niños y niñas conforman los cimientos de las naciones y representan a las futuras generaciones que habrán de forjar y construir a las sociedades modernas en las que desarrollarán sus potencialidades. Así, conocer los derechos de los niños es reconocer su dignidad humana fundamental y la urgente necesidad de velar por su bienestar.

Como padres de familia, somos los más comprometidos en cuidar que se respeten los derechos humanos de la niñez. En el hogar tenemos el compromiso y el deber de respetarlos, de cuidarlos y hacer todo lo necesario para que tengan un equilibrado y sano desarrollo físico y emocional. Cumplir como padres con esta tarea es de gran importancia para poder exigir a la sociedad y los gobiernos que cumplan y hagan lo que moral y jurídicamente les corresponde, a fin de que se respeten plenamente en cualquier país los derechos humanos de la infancia: derecho al buen trato, derecho a una alimentación saludable, derecho a la atención médica, derecho a una educación gratuita y de calidad, derecho a vivir en una sociedad segura y libre de violencia, derecho a la sana recreación y esparcimiento, derecho a una vida libre de alcoholismo y drogadicción, entre otros. En este tenor hay ciertas referencias que cabe mencionar:

La Declaración de los Derechos del Niño.

Principio 2. El niño gozará de una protección especial, dispondrá de oportunidades y servicios, dispensado todo ello por la ley y por otros medios para que pueda desarrollarse física, mental, moral, espiritual y socialmente en forma saludable y normal, así como en condiciones de libertad y dignidad.

Principio 10. El niño debe ser protegido contra las prácticas que puedan fomentar la discriminación racial, religiosa o de cualquier otra índole. Debe ser educado en espíritu de comprensión, tolerancia, amistad entre los pueblos, paz y fraternidad universal (ONU, 1959).

La Convención de los Derechos del Niño.

Acuerdo Internacional, Suscrito desde 1989 y firmado por 196 países (entre ellos México, que se integró en1990), contempla lo siguiente:

Artículo 2.2. Los Estados Partes tomarán todas las medidas apropiadas para garantizar que el niño se vea protegido contra toda forma de discriminación o castigo por causa de la condición, las actividades, las opiniones expresadas o las creencias de sus padres, tutores o familiares.

Artículo 3.2. Los Estados Partes se comprometen a asegurar la protección del niño y el cuidado que sean necesarios para su bienestar, teniendo en cuenta los derechos y deberes de los padres, tutores u otras personas responsables de él ante la ley (UNICEF, 2006).

La Ley General de los Derechos de las Niñas, Niños y Adolescentes en México establece:

Artículo 13. Tienen derecho a vivir en familia, a la igualdad, una vida libre de violencia, a no ser discriminados, a vivir en condiciones de bienestar y a un sano desarrollo integral, a la educación, derecho al acceso a las tecnologías de la información, entre otros (Congreso de la Unión, 2021).

4. DISCIPLINA EN LA FAMILIA

Entendemos que disciplina es la capacidad de las personas para poner en práctica una serie de principios relativos al orden y la constancia, tanto para la ejecución de tareas y actividades cotidianas, como en sus vidas en general.

La buena disciplina en el ámbito familiar debe favorecer la buena salud emocional de los niños, contribuyendo así al desarrollo de una sana autoestima. Esta misma favorece la gestión de las propias emociones y el desarrollo de la inteligencia emocional. Una buena disciplina en el hogar también fortalece el vínculo afectivo entre padres e hijos y ayuda a que exista una aceptable comunicación entre ambos.

No debe interpretarse como buena disciplina al lugar donde existe rigidez y donde impera el castigo, la sanción o la prohibición, tampoco al lugar donde no hay libertad para expresarse o hacer lo que uno desea; por el contrario, entiéndase que esos son los rasgos de una disciplina autoritaria que en las siguientes líneas se abordarán, desde luego, bajo un punto de vista psicopedagógico.

La disciplina en el hogar es algo que se tiene que construir con la participación de los miembros de la familia, es decir, en colectivo. Es necesario que en equipo (padres e hijos) se establezcan las normas o reglas de comportamiento que incluso, puedan llegar a ser consensadas por toda la familia. Es bueno que los menores puedan dar sus opiniones al momento de tratar algunos temas sobre los comportamientos que sean correctos en el hogar. Un niño de tres a cinco años, por ejemplo, es capaz de entender qué tipo de comportamientos son buenos y cuáles le pueden acarrear problemas ante sus hermanos o sus padres, por lo que es necesario hacerles ver las buenas y las malas acciones. Desde luego que para eso se requiere actuar con mucha paciencia.

Una familia donde los hijos o los padres hacen lo que les dé la gana y a la hora que quieran y como quieran, de seguro será un ambiente hostil con desorden donde no hay respeto entre sus miembros. Tómese el caso de los hijos que acuden a algún lugar a divertirse y llegan a altas horas de la noche o simplemente no regresan sino hasta otro día. Algunos padres ven estos tipos de comportamientos como algo normal, incluso, aun cuando los hijos(as) llegan bajo los efectos del alcohol o las drogas.

Ahora podemos ver que las grandes ventajas de que exista una buena disciplina en el hogar son: buena comunicación, prevención de problemas, buena convivencia, solución oportuna de los conflictos, creación de buenos hábitos en los hijos, realización de tareas productivas en el hogar, educar en los buenos valores, entre otras más.

En los capítulos posteriores de este trabajo se mencionarán algunos puntos importantes sobre diversas estrategias que puede emplear como padre de familia para crear una buena disciplina en el hogar, propiciando un ambiente de armonía, libre de prejuicios y autoritarismos en el cual puedan construir unidos una relación familiar de paz y tranquilidad.

4.1 El niño y las tareas en el hogar

Los padres de familia deben enseñarles a los hijos que el trabajo tiene que ser compartido por todos, padre, madre e hijos tienen sus respectivas obligaciones (Diez, 2013). Enseñar o educar con valores significa no imponer las tareas a los hijos y, a su vez, ayudarles a crear conciencia para que colaboren sin necesidad de gritos y amenazas. La actitud de los padres es determinante para que los hijos actúen en este sentido. Tan sólo con el ejemplo paternal de ser productivos, tolerantes y demostrar amor por la familia, les dará un gran significado, sobre todo al compartir y organizar las tareas y comisiones con paciencia y buen trato. Enseñarles a los hijos que asuman responsabilidades a medida que crecen les servirá a ser disciplinados en el seguimiento de normas. Delgado (2021) nos muestra los cinco beneficios básicos de involucrar a los niños en las tareas del hogar: Desarrollo de las habilidades motoras, estímulo a la capacidad de colaboración, facilidad para la instauración de hábitos, fomento a la seguridad de sí mismos y la potencialidad del sentido de organización. La autora también nos muestra una tabla donde se indican las tareas que pueden realizar los menores en cada edad. Pero antes de ponerla en práctica es recomendable valorar si en verdad se ajusta al nivel de nuestros hijos, ya que cada niño crece a un ritmo diferente. No obstante, la tabla muestra:

De 2 a 3 años

Puede organizar sus juguetes y guardarlos en el cajón, comer solo, tirar cosas a la basura, regar plantas y llevar la ropa a su habitación.

De 4 a 5 años

Es capaz de vestirse solo, asearse, poner la mesa, darle de comer a la mascota y fregar los platos con supervisión.

De 6 a 7 años

Puede hacer la cama, organizar su escritorio, preparar su mochila, pasar la aspiradora y quitar el polvo de los muebles.

De 8 a 9 años

Puede bañarse solo, limpiar el suelo, cuidar la mascota, preparar el desayuno u otro plato sencillo con supervisión.

De 10 a 11 años

Será capaz de limpiar su habitación, sacar la mascota, limpiar el jardín, tender la ropa y cuidar de un hermano menor.

De 11 años en adelante

A esta edad puede sacar la basura, hacer la compra, limpiar la cristalería y coser un botón.

Involucrar a los niños en las tareas del hogar favorece al conocimiento de su entorno familiar y les proporciona una serie de importantes beneficios a nivel personal, básicamente para su desarrollo y la autonomía. Estas tareas deben darse a los hijos pensando siempre en su formación o educación basada en los valores, es decir, con la idea de un modo democrático e incluso lúdico y no autoritario o punitivo, como ya lo hemos mencionado (Longo, 2020).

NIÑA DE CINCO AÑOS PARTICIPA EN LAS TAREAS DEL HOGAR

Hay que recordar que la ociosidad es la madre de todos los vicios, si el niño por lo regular se encuentre desocupado, estará más propenso a realizar actos indebidos y por lo tanto a adquirir malos hábitos. Se recomienda que los padres de familia orienten debidamente a los hijos a fin de que cumplan tanto con las tareas de la escuela, como las del hogar. Es importante que le demos una verdadera prioridad a las tareas escolares de los niños y proveerles un vasto apoyo, sobre todo motivándolos a que cumplan con sus responsabilidades, tratando de no presionarlos, pues eso sería autoritarismo. Es mejor convencerlos para que adquieran la conciencia de que al cumplir con su responsabilidad, ellos serán los más beneficiados al obtener un mejor aprovechamiento académico y mejores aprendizajes para la vida.

Los niños que no se ocupan en las tareas productivas del hogar, les será más fácil que opten por salir frecuentemente a la calle con los amigos, que bien podrían ser víctimas de las drogas y otras malas conductas; estarán expuestos, por lo tanto, a hacer lo que sus compañeros hacen. Como lo hemos visto, cada día son más los niños y adolescentes que recurren al uso de drogas o al alcohol en nuestra sociedad, al ser enganchados por jóvenes de mayor edad que se dedican a esas actividades.

CAPÍTULO II. PROBLEMÁTICA ACTUAL RELACIONADA CON UNA DEFICIENTE EDUCACIÓN FAMILIAR

1. LOS VALORES SOCIOCULTURALES Y SU INFLUENCIA EN LA FAMILIA

Como lo afirmaba Aristóteles por los años 350 a. de C. y en las palabras del historiador mexicano Jesús Reyes Heroles, la sociedad no es la simple reunión de un número determinado de seres humanos o familias, sino una construcción humana a la cual accedemos como la mejor forma de sobrevivencia y una construcción cultural que se ha llevado a través de los siglos (Reyes,

2001). El ser humano es un ser social por naturaleza y ha requerido, por lo tanto, vivir en sociedad para satisfacer sus propias necesidades al adoptar normas, leyes, costumbres y valores que le han permitido adquirir sus roles sociales al ser parte de un colectivo o comunidad.

La influencia del pensamiento globalizador, impuesta por las hegemonías mundiales capitalistas, ha traído consigo la imposición ideológica en los países del mundo, exacerbando los valores económicos por encima de los valores morales, políticos y culturales. El poder de la riqueza y el dinero aplastan los sentimientos humanos, colocando al hombre en una relación de esclavitud respecto a los objetos y al consumo en general. Así mismo, los valores personales se diluyen en los valores globales. El "tener" es más importante que el "ser"; es decir, la ambición por la riqueza material llega a ser predominante en los individuos al luchar por conseguirla a costa de lo que sea, incluso arriesgando o menospreciando la propia vida.

Esta globalización ha provocado también pobreza y desigualdad en la mayoría de los países donde las riquezas se han concentrado en pocas manos, mientras que las mayorías viven es situación de pobreza extrema. La corrupción, la impunidad, el crimen organizado y la violencia social son consecuencia de estos regímenes en los que impera la ley del más fuerte o la ley del dinero por sobre todas las cosas. En otras palabras, el fenómeno globalizador sitúa la crisis de valores en un nuevo contexto social de alcance mundial que va a exigir la redefinición y elaboración de un nuevo esquema de valores más centrado en la dimensión humana y universal del hombre (Parra, 2003).

Algunos autores como Guevara, Zambrano y Evies (2007), mencionan que el ser humano es una subjetividad entretejida de socialidad, pues vive condicionado por la cultura que asimila a través del proceso socializador de los grupos a los cuales pertenece. Es decir, el ser humano vive influenciado por la sociedad en la que se desenvuelve. Su forma de pensar y actuar tiene mucho que ver con el grupo social al que pertenece. De acuerdo al punto de vista de los citados autores (ibídem), son cuatro colectivos los que tienen gran influencia en la formación de nuestros valores: la familia, la escuela, los medios de comunicación y el grupo de iguales o compañeros.

La familia es la base de la sociedad, si las familias están en crisis, la sociedad también lo estará. Hay, pues, una cadena de crisis de valores que comienzan con los valores personales, pasan por la vida familiar y llegan hasta las instituciones sociales que, como la escuela, la iglesia o las instituciones encargadas de administrar justicia en la sociedad, se ven plagadas de relaciones conflictivas y de incumplimiento de responsabilidades (Soe, 2009).

Otro autor menciona al respecto que debemos reforzar los valores que transmitimos a nuestros hijos continuamente, pues los niños y adolescentes están expuestos a aprender otro tipo de valores nocivos que afectan la formación de una buena personalidad (Ferro, 2017). Tal es el caso de las conductas violentas o antisociales que son adquiridas en la propia sociedad, directa e indirectamente, por las razones que aquí se han mencionado.

Por otro lado, las escuelas, que tienen la misión de educar en los valores, de formar hombres íntegros con una personalidad basada en el respeto, la honestidad y la responsabilidad, se ven rebasadas en esa noble función ante la fuerza avasalladora de una sociedad devastada desde la más profunda crisis de valores. En México, por ejemplo, a pesar de los esfuerzos por combatir la corrupción y la impunidad, el país sigue sumido en la inseguridad y la violencia provocada por el crimen organizado que cada día cobra ríos de sangre y homicidios en la mayoría de las entidades. Los campos de exterminio localizados en diversos estados de la república mexicana son similares a los encontrados en los países que han sido azotados por las guerras civiles en Centroamérica y en otras regiones del mundo. La desaparición de los 43 estudiantes de la Escuela Normal "Isidro Burgos" de Ayotzinapa, Guerrero el 26 de septiembre del 2014 por efectivos del gobierno y el crimen organizado (que hasta la fecha se encuentra impune), es solo un reflejo de la situación de violencia social que se vive en México.

Una escuela que sólo instruye o imparte conocimientos y descuida la formación de los más profundos valores y principios éticos, se convierte en una institución obsoleta sin dirección ni sentido y con resultados nocivos: individuos soberbios, egocéntricos, carentes de los más elementales principios filosóficos y valores humanos.

Esa secuencia y continuidad que ha de tener la educación, se ha visto interrumpida en México (como en todos los países del mundo) por la pandemia del covid-19, que ha afectado a todo el planeta por más de dos años. Los rezagos educativos para las nuevas generaciones que hoy viven su etapa de formación serán, seguramente, desastrosos e incalculables: Como jamás se haya conocido en la historia de la humanidad. Su impacto se reflejará, indudablemente, en una crisis mayor en los valores, conocimientos, el bienestar, la economía y la sociedad de forma generalizada.

1.1 Una sociedad resquebrajada en sus valores humanos

Ante la nociva influencia de un medio social resquebrajado en sus valores éticos y humanos, ya no se trata de formar ciudadanos capaces de adaptarse a las nuevas reglas del juego impuestas por la globalización, sino que debemos perseguir la formación de seres humanos competentes para desarrollar un pensamiento alternativo y hacerlo realidad (Schmelkes, 2004). Desarrollar un pensamiento crítico ante esa realidad es desarrollar habilidades y capacidades en los niños y adolescentes que les permitan rechazar toda aquella información dañina cargada de violencia, morbo, vicios, drogas y las costumbres que atentan contra la vida humana, la naturaleza, la salud, la buena convivencia entre los individuos, así como la preservación de los valores en la familia y la sociedad.

En un mundo como el de hoy, surge con mucha fuerza la necesidad de educar en valores, de reconquistar la práctica de los valores éticos (Rodino y Brenes, 2003). Es por esto que los padres de familia deben de informarse sobre lo que significa educar a la familia en los valores humanos. Si los padres no cumplen con esta importante tarea, sin duda que ese vacío moral que se vive en las familias será ocupado por la influencia nociva que el menor reciba de sus compañeros, los medios de comunicación o la escuela (que en muchos de los casos deforma la mente de los infantes debido a la crisis institucional de valores que se vive en una sociedad como la nuestra).

Podríamos imaginar, cómo serían en el futuro las generaciones que hoy son niños o adolescentes y no se les proporciona una educación en valores, y que solo se les instruye para conocer y proveerse de gran cantidad de conocimientos que los capacite para ser productivos en diversos campos de la ciencia o la técnica. A continuación, mencionaremos algunas características que tienen los ciudadanos en la actualidad, si cuando eran niños no fueron educados en los valores humanos:

- Un profesor. - es déspota con sus alumnos, es alcohólico y llega en mal estado al trabajo, es impuntual y falta constantemente a clases, tiene mala relación con el personal de la escuela, no utiliza métodos de enseñanza eficaces, le gusta mandar a sus alumnos y ser rápidamente obedecido, no se actualiza en las nuevas técnicas de la enseñanza, no motiva a sus alumnos, incumple con las disposiciones administrativas, no reconoce sus errores, no le preocupa el buen aprendizaje de sus alumnos; si no hay buen aprendizaje, culpa al alumno o al padre, etc.

- Un médico. - solo piensa en lucrar en su profesión, tiene poco o nulo respeto con sus pacientes, hace mal uso de los medicamentos, tiene mal trato con sus colegas, hace trato con las empresas farmacéuticas para proveerles de clientes, si es funcionario en el servicio médico es corrupto; es prepotente y autoritario con sus pacientes y familiares; traficante de influencias si es líder sindical; puede llegar a ser cómplice de traficantes de órganos, etc.
- Abogado. - engaña a sus clientes, altos costos por su servicio, no se actualiza en las nuevas leyes, se vende al mejor postor, pierde los juicios, si es funcionario en el poder judicial se vuelve corrupto, defiende a los malvados, carece de ética en su desempeño, es irresponsable y deshonesto, etc.
- Policía. - es arbitrario con los ciudadanos, es corrupto, hace alianza con criminales, prepotente, abusivo, no le interesa la justicia, roba propiedades a los detenidos, mala relación con sus colegas, soborna a los ciudadanos, etc.
- Servidor público. - es prepotente, corrupto, traficante de influencias, engaña y miente constantemente, deshonesto en su desempeño, irresponsable en su trabajo, acosa a las empleadas, acepta sobornos, se enriquece con los recursos del pueblo, es abusivo y arbitrario con los ciudadanos, etc. Si es un servidor público de elección

popular (diputado, senador, presidente, regidor, etc.) será: traidor a la patria, acosador, protege a criminales, autoritario, deshonesto, hipócrita, piensa en lucrar y enriquecerse ilícitamente, tiene el concepto de que la política es un negocio, entre otras conductas perjudiciales más.

Así pudiéramos seguir mencionando el tipo de actitudes dañinas que tendrían los ciudadanos en cualquier oficio o profesión que desempeñen en la sociedad, a causa de que no han sido formados en los valores humanos, básicamente en las etapas de la infancia y adolescencia, ya sea en el hogar o en la escuela. Es importante entender la situación sobre el mal comportamiento de las personas en la sociedad, así como analizar sus causas, esto nos lleva a comprender acerca del deterioro o pérdida de los valores humanos que actualmente existe en todos los rincones del planeta que viven, como ya lo hemos dicho, en la más profunda crisis de valores.

Solo en pocos países del planeta, se viven índices muy bajos de violencia, impunidad, corrupción, homicidios, narcotráfico, etc. Pero surgen las interrogantes: ¿qué han hecho esos países para vivir de manera diferente? ¿cómo es la educación que reciben los niños y adolescentes en estos lugares? La respuesta sin lugar a dudas, es: ´una formación de excelencia basada en los más profundos valores humanos, una educación al servicio de toda la sociedad, y sobre todo la inversión de más y mejores recursos en la formación de las nuevas generaciones´.

En el mundo de hoy, "La estrategia de globalización y, con ella, el crecimiento exorbitante de las burocracias privadas, sigue nada más una lógica de la maximización de las ganancias y con eso, la abolición de los derechos humanos más elementales" (Calderón, 2018, p. 3). Dicha influencia capitalista cobra actualmente gran influencia en casi todas las economías del mundo, ocasionando en su proceso: la pérdida de valores sociales, violación a los derechos humanos, falta de respeto a la vida y a la dignidad de las personas. El modo de convivencia de nuestro mundo también se haya en una difícil situación, ésta es la "crisis de valores" que coloca en estado de riesgo la sana convivencia humana, donde el terrorismo estructural y la injusticia generan violencia y, por consiguiente, una mayor inmoralidad. Los valores éticos que tienen que ver con la conservación de la sociedad humana y sus costumbres se ven amenazados por la violencia, el racismo y los vicios (Prieto, 2002).

En México se viven índices de violencia social muy altos, como jamás había sucedido, tales como: el narcotráfico, la trata de personas, el **bullying**, la violencia intrafamiliar y la de género, el feminicidio, el tráfico de armas, secuestros, desaparecidos, extorción, corrupción e impunidad. Estos hechos han afectado el tejido social. La inseguridad y el miedo obligan a las personas y las familias a permanecer encerrados en sus propias casas, aislándose en el individualismo y en la desconfianza. Esta situación afecta la vida comunitaria. Las personas viven irritadas, resentidas y con el deseo de venganza. Surge un círculo vicioso: La violencia acaba con la vida comunitaria y cuando esto sucede, surge nuevamente la violencia. Estos problemas afectan la convivencia y alteran el comportamiento, provocando la deshumanización y la pérdida de los valores humanos en todos los miembros de la sociedad. Ante esto, los padres de familia debemos iniciar por educar a los hijos en los valores y erradicar la violencia en el entorno familiar, es recomendable orientar a los hijos sobre la grave realidad de inseguridad, es probable que por su corta edad no alcancen a detectar ni comprenderlo todo. Esta información les será útil para prevenir que se conviertan en víctimas de la delincuencia que los estará acechando a cada paso.

1.2 La influencia negativa de los medios electrónicos

Como padres de familia es importante conocer y entender que los medios de comunicación transmiten generalmente, consumismo, amarillismo, violencia, morbo, entre otras. Dichos medios tienen un gran poder para inculcar antivalores, principalmente en los niños y adolescentes que con facilidad se convierten en el blanco de las empresas voraces que priorizan las ganancias que les reditúan los programas publicitarios. Es un gran reto para los padres de familia conocer cómo funcionan los medios tecnológicos en los que se exponen programas nocivos que perjudican a los hijos de diversas maneras. También es importante conocer cómo logran captar la atención del menor (que permanece por mucho tiempo usando estos aparatos) hasta llegar a envilecerlo, al grado de convertirlo en rehén de los contenidos plagados de antivalores, como ya lo hemos mencionado. La vanidad que promueven los medios de comunicación roba espacio a la reflexión seria, profunda y productiva acerca de los problemas que afectan a la sociedad, así como a sus propias soluciones.

Es cierto que el uso de las nuevas tecnologías de la información son un potencial de apoyo a la investigación científica, al trabajo académico y la vida productiva. Sin embargo, el mal uso de estos dispositivos puede llegar a convertirse en un problema y afectar la conducta de los infantes, por eso se debe tomar en cuenta que los niños acceden a dichas tecnologías desde muy temprana edad. Son también cada vez más las horas que pasan haciendo uso de ellos, principalmente el teléfono móvil, ya sea en forma individual o interactuando con otros usuarios, haciendo uso de los videojuegos u otros entretenimientos a través de las redes sociales. El desmedido uso de las tecnologías se asocia con algunos problemas en los infantes como: bajo rendimiento académico, aparición de conductas violentas, adicción al alcohol y otras drogas, depresión, estrés, ansiedad, entre otras. Los padres de familia deben permanecer atentos y orientar oportunamente a sus hijos para que utilicen racionalmente los medios y las redes sociales con fines positivos, tales como: conocer lugares, aprender idiomas, hacer amistades o brindar apoyo a las personas, pero no caer en conductas negativas denigrando o afectando a los demás.

En los medios electrónicos abundan los programas infantiles plagados de violencia, sexo, morbo y pornografía; existen también buenos programas de televisión y en plataformas digitales en los que se difunden contenidos tendientes a formar en los valores humanos; todo es cuestión de que los orientemos desde chicos para que se inclinen por ese tipo de programas. En estos medios se pueden observar también programas sobre el cuidado ambiental, la protección de la vida silvestre y los animales. Estos temas mucho ayudan en su proceso de formación en las etapas de infancia o adolescencia.

Los niños y adolescentes cada vez más les dan un uso excesivo o compulsivo a los videojuegos, al grado de convertirse en un problema de adicción y consecuentemente interferir negativamente en su vida personal y en las actividades que ellos realizan, sean académicas o laborales. Es recomendable que los orientemos desde niños para que sepan utilizar en forma racional estos juegos, es por eso que los padres debemos adentrarnos en conocer los contenidos que están al alcance de ellos y que se han diseminado a partir del crecimiento y desarrollo de las tecnologías de la información

El 20 de octubre del 2021, en la conferencia matutina del Presidente de México, Andrés Manuel López Obrador, se da a conocer un decálogo para aconsejar a los padres de familia sobre la seguridad en el uso de los videojuegos. El propio presidente menciona que el crimen organizado recluta y secuestra a niños mediante videojuegos en línea. Dicho decálogo fue presentado por Rosa Isela Rodríguez, Secretaria de Seguridad y Protección Ciudadana del Gobierno de México, mismo que fue publicado a través del boletín 118/2021. En dicha conferencia se hizo alusión también al caso de tres menores de edad que fueron reclutados en ese año a través de un videojuego llamado "Garena Free Fire" (Secretaría de Seguridad y Protección Ciudadana, 2021).

Los puntos o recomendaciones del citado decálogo son:

1. No jugar ni chatear con desconocidos.

2. Establecer horarios de juego.

3. No utilizar cuentas de correo electrónico personal, sino generar nuevas para jugar.

4. No proporcionar datos personales, telefónicos ni bancarios.

5. No usar micrófono ni cámara.

6. No compartir ubicación.

7. Reportar aquellas cuentas agresivas o sospechosas.

8. Mantener la configuración de seguridad para los niños en los dispositivos, lo que llaman "control parental".

9. En el caso de los menores de edad, jugar bajo la supervisión de adultos.

10. Si se detectan estas conductas o algún tipo de acoso, violencia o amenaza en contra de las niñas, niños o adolescentes mientras juegan, se puede reportar al 088.

Una solución *negativa* al uso de estas tecnologías sería su prohibición por parte de los padres. No obstante, es mejor que los menores aprendan a usarlas racionalmente y ser críticos frente a todo tipo de información que se les presente. Hay que recordar, sobre todo, que la niñez tiene el derecho a que se le proporcione una educación de calidad, tanto en el hogar como en la escuela, basada en las buenas costumbres y los valores humanos. Esta educación debe permitirles tener una vida saludable y de sana convivencia.

Como lo afirman las autoras Reyzábal y Sanz (2014) "La expresión de las relaciones virtuales, especialmente en los sectores más jóvenes de la sociedad, acelera la necesidad de afrontar el reto de formar para lo que ya se ha denominado como ciberconvivencia" (p. 217). El reto no es sólo para los padres de familia, sino también para la escuela, que tiene el deber de formar a los niños y adolescentes con actitudes y capacidades críticas y creativas frente al cúmulo de información nociva que en los medios tecnológicos se difunde. Los sistemas educativos de los países deben diseñar los contenidos curriculares en educación básica o elemental para que sean los adecuados de acuerdo a como lo demandan las nuevas sociedades: Formar integralmente a los futuros ciudadanos. Se requiere también la intervención de los gobiernos de todos los países para que se regulen los contenidos que se difunden en los citados medios electrónicos, ya que actualmente los menores pueden tener acceso a cualquier contenido de pornografía, drogas, violencia y otros programas que les pueden ocasionar daños en el comportamiento e incidir en la apropiación de los antivalores.

Como se afirma, la difusión de la violencia y el erotismo desde la imagen virtual, que convierte a los niños en consumidores, constituye un fenómeno nuevo en nuestra cultura, en la que esos estímulos pueden ocasionar respuestas que pueden llegar a convertirse en patologías (Cohen, 2010). Si los padres de familia no orientan a los hijos en relación al uso racional de los medios, puede darse el caso que el problema en el comportamiento pueda llegar, incluso, a requerir atención psicológica o médica, según lo grave de cada situación. Como lo afirman otros autores, "[...] los medios de comunicación social como transmisores de actitudes e ideas que, sin la necesaria formación para su uso, pueden causar problemas como el consumo compulsivo, el adoctrinamiento ideológico o el adormecimiento de la capacidad crítica, entre otros" (Ruiz et al., 2012, p. 22).

2. LA EDUCACIÓN AUTORITARIA

2.1 El autoritarismo en la familia

De acuerdo con las raíces latinas, la palabra "disciplina" es un derivado de "discípulo" que significa alumno, pupilo o educando, es decir, persona al que se le enseña. Estaríamos hablando en este caso que la disciplina sirve como un medio o instrumento por el que se facilita la enseñanza o educación de los hijos en la familia (Siegel y Payne, 2018). Seguramente para la mayoría de los padres de familia lo más normal es que a los hijos se les trate con gritos, ofensas, humillaciones o amenazas, porque el término "disciplina" lo relacionan con este tipo de estrategias para "educar", incluso llegan a decir "si no es con mano dura, los hijos no aprenderán". Estos conceptos están muy arraigados en la cultura de las sociedades actuales.

En México, los datos estadísticos presentados por El Fondo de las Naciones Unidas para la Infancia (UNICEF), en un informe dado a conocer en el 2019 sobre la violencia que se ejerce en el hogar en México, se muestra que el 63% de las niñas y niños de entre 1 y 14 años han experimentado al menos una forma de disciplina violenta durante el último mes. Las prácticas más comunes suelen ser agresiones psicológicas, seguidas por otro tipo de castigos físicos y, en último lugar, castigos físicos severos (palizas o golpes con objetos) (UNICEF, 2019).

Algunos autores coinciden en que los padres que abusan de sus hijos provienen de una familia abusiva o que utilizaban medios violentos para resolver conflictos. Los padres agresivos suelen tener una autoestima baja, presentan sentimientos de soledad, es una figura dominante y controladora en la familia, posee, además, concepciones erróneas en relación con el desarrollo de los niños (Cohen, 2010).

La forma autoritaria de dar órdenes de los padres en el hogar, puede llegar a convertirse en una adicción, de tal manera que dan órdenes a gritos con coraje o fingiendo enojo para ser obedecidos por los hijos (Tsabary, 2016). Igualmente, para los hijos llega a ser una costumbre que, si no les hablan los padres a gritos o con amenazas, simplemente no hacen caso. Estos gritos y sometimiento que practican los padres, psicológicamente se convierten en un condicionamiento (como lo concibe la teoría psicológica conductista), al grado que, al no existir este tipo de estímulos o tratos, simplemente no se tendrán las respuestas deseadas.

Puede darse el caso de que los padres de familia aseguren que la violencia que ejercen es la mejor forma de educar, porque observan con satisfacción que sólo de esa manera los hijos obedecen y rápidamente atienden cualquier orden que se les dé (Cohen, 2010). Lo cierto es que por temor a ser castigados atienden lo que los padres les ordenan, saben, por lo regular, que de momento no tienen otra salida y no les queda de otra, más que obedecer.

De acuerdo con el punto de vista del autor Muñoz (2016), algunos padres de familia actúan de forma violenta al tratar a los hijos porque así fueron tratados cuando eran niños, pero al mismo tiempo reprueban esta forma de trato autoritario, sólo que no saben cómo actuar o cómo educar a los hijos sin hacer uso de la violencia. Incluso pueden llegar a expresarse mal de sus padres por la violencia que ejercieron contra ellos, pero al mismo tiempo practican con sus hijos los mismos comportamientos violentos.

En muchos de los casos esta forma de comportamiento violento de los padres se arrecia con su estado de ánimo, los golpes y agresiones son en ocasiones tan fuertes que pueden causar graves afectaciones físicas o psicológicas en los menores. Cuando estos daños son recurrentes, se pierde la buena comunicación. El rechazo que sienten los hijos hacia sus padres puede llegar a provocar que abandonen su casa para irse a vivir con familiares o amigos. Esto sucede mayormente cuando los hijos son adolescentes.

Cuando los padres se dirigen autoritariamente hacia los hijos, se da una relación unidimensional en la que no se reconoce al otro como un sujeto capaz de aprender, sino como uno que sólo debe acatar lo que se le ordena, ya que en esta relación no existe el diálogo como la mejor vía para el entendimiento (Páez y Pérez, 2018).

A falta de una adecuada orientación hacia los niños o adolescentes, se observan en ellos algunas consecuencias:

- Indisciplina.

- Desorden con sus cosas personales.

- Malestar emocional.

- Violencia hacia sus hermanos.

- Problemas para socializar con sus compañeros de escuela.

- Falta de respeto hacia los demás y hacia sí mismos.

- Bajo rendimiento académico.

- Negativa para realizar tareas en casa.

En la relación autoritaria no se pretende que los hijos lleguen a ser independientes y autosuficientes, ni que logren desarrollar las capacidades para que adquieran un mejor comportamiento, sino por el contrario, se busca una relación de sometimiento en donde sólo la voz del padre o la madre es la que determina lo que se debe hacer, sin recurrir a explicar u orientar el porqué de lo que se debe hacer. "[...] Se sabe que uno de los principales antecedentes del comportamiento violento es haber sufrido una disciplina extremadamente coercitiva en ausencia de interacciones positivas entre los padres y el niño" (Serrano 2006, p. 217).

Los padres autoritarios tienen la concepción de que solamente con una disciplina rígida de sanciones, prohibiciones y gritos, los hijos podrán llegar a ser obedientes y aprenderán a tener un mejor comportamiento. Lo cierto es que este sistema de premios y castigos debilita la capacidad del niño para aprender autodisciplina, lo que socaba su potencial intrínseco para la autorregulación (Tsabary, 2016). Los premios y castigos funcionan como estímulos extrínsecos que actúan como condicionantes para que aparezca la conducta (respuesta) deseada por sus padres, que estará basada en obedecer fielmente aquello que les fue ordenado. En cambio, lo que requieren los menores es una orientación con buenos argumentos que los convenza de realizar las tareas que se les asignen.

Es mejor el convencimiento y la motivación constante para que adquieran los hábitos positivos y de esa manera hagan lo que a ellos les corresponde. Es esto a lo que se le llama una educación formativa en el hogar o una educación familiar basada en los valores humanos.

Los padres de familia autoritarios llegan al punto en el que experimentan desesperanza o frustración cuando los hijos no mejoran en su comportamiento. Esa desesperación los hace vivir constantemente estados de estrés o ansiedad que los pueden llevar a cometer errores y perder aún más la paciencia o caer en un estado de resignación. En palabras de la autora Ma. Guadalupe Rincón (2014) "A los padres que les cuesta más trabajo valorizar los comportamientos de los hijos, es porque han perdido la esperanza de que las cosas se compongan" (p. 181). Ese pesimismo -según la autora- refleja simplemente la impotencia, la inquietud y a veces la desesperación frente a la situación.

La forma autoritaria de proceder de algunos padres de familia puede ocasionar que se rompa la comunicación con los hijos, situación que empeora aún más la relación con ellos. Esa mala comunicación puede ser una de las causas más grandes de que la familia viva una situación ríspida prevaleciendo el desorden y la violencia en la que los hijos no aceptan la orientación o el consejo de los padres; en ocasiones se puede llegar a tener una rivalidad y daño constante de los padres contra los hijos o viceversa (Gurrola, 2021).

Las reglas o normas de disciplina no deben ser impuestas por los padres. Por ello es necesario que el padre se conduzca con mucho respeto y así poder construir una relación de afectividad en la que se actúe con mucha paciencia. El respeto, como cualquier valor humano, es algo que el padre debe ganárselo respetando siempre a los hijos, pues imponer la disciplina no sólo es innecesario, sino que en realidad fomenta la conducta negativa que se pretende corregir (Tsabary, 2016).

Cuando un padre de familia actúa en forma autoritaria y observa que el hijo no lo obedece, puede llegar a estresarse y arreciar las órdenes de forma cada vez más violenta y caer en la desesperación, incluso llegando a agredir física y verbalmente al menor; aquí es donde hay que tener cuidado. Se pueden ocasionar severos daños que podrían ser irreversibles para la personalidad del niño. Como sostiene Barudy (2014), los golpes no sólo dejan huella en el cuerpo, sino también otras más invisibles que constituyen las secuelas psicológicas, como son: trastornos de identidad, autoestima pobre, ansiedad, angustia y depresión.

2.2 El autoritarismo en la escuela

Nos hemos referido en anteriores paginas a la diferencia entre autoridad y autoritarismo. Así como el autoritarismo en la familia puede llegar a convertirse en un problema para el sano desarrollo de la personalidad del menor por las graves consecuencias a corto y largo plazo. En el caso del autoritarismo que el niño o adolescente vive en las escuelas por parte de profesores y directivos, puede llegar a ser extremadamente dañino. En este caso, el docente realiza su práctica en el eje de dominación omnipotencia, es decir, intenta dirigir esperando solo sumisión y obediencia desconociendo al alumno en su alteridad. Uno de los recursos más utilizados por los docentes autoritarios suele ser la intimidación, que puede generar, por un lado, miedo a la sanción disciplinaria, a repetir de grado o, por el contrario, generar ira, desobediencia o actos de violencia (Sánchez, 2006).

Dichos recursos utilizados por los docentes autoritarios tienen como fin el control total del grupo y de la clase. Esta es una forma más "cómoda" de proceder cuando se carece de las herramientas didácticas adecuadas en la promoción de verdaderos aprendizajes de calidad. Este recurso utilizado por los docentes obedece más que nada a la forma en que ellos fueron educados, es decir, van cargando con la herencia de otros profesores que educaban con el lema "La letra con sangre entra".

Se sabe también que, en escenarios escolares, los docentes ocasionan un maltrato emocional que puede llegar a ser verbal o no verbal. El primero de ellos se refiere a conductas como: Humillar en público, llamarlos por apodos, maldecirles, ridiculizarlos por sus ineficiencias o discapacidades; etiquetarlos, gritarles hasta hacerlos llorar o emplear amenazas para controlar la clase (Mendoza, 2014). Esta forma de proceder de los docentes autoritarios es una estrategia negra a cuenta de ellos mismos y su llamado currículum oculto, ya que esas 'estrategias intimidatorias' no están en la recomendación de psicólogos y pedagogos reconocidos, solo es violencia o abuso de poder que le confiere su status de ser profesor de grupo. Se entiende, por ejemplo, que un niño puede ser instruido bajo los esquemas de control o manipulación y puede llegar a aprender nueva información, pero por otro lado tendrá un nulo o bajo desarrollo en sus habilidades y capacidades creativas, por lo tanto, estará capacitado para hacer y cumplir las tareas que otros les asignen, es decir solo será reproductor de acciones e ideas, pero con muy poca capacidad de producir, crear o inventar algo por sí mismo. De esa manera los infantes tendrán una afectación negativa a lo largo de toda su vida que los limitará en el buen desarrollo de sus potencialidades intelectuales. Lo hemos mencionado en anteriores páginas, no es lo mismo instruir que educar.

Esta forma de maltrato es un producto del abuso de poder y prepotencia que ejercen algunos profesores. Para muchos es considerado normal, pero esto revela los instintos agresivos de una sociedad determinada y más aún cuando se sabe que los propios padres de familia están lejos de condenar la violación de los derechos humanos de los niños y se vuelven cómplices de los maltratos (Montoya, 2017). El bajo nivel de escolaridad de los padres y la poca o nula información respecto a la relación que existe entre la metodología de la enseñanza utilizada por los profesores y los derechos de los niños, pueden ser causa de esta complicidad. Es decir, en el momento que los padres de familia entiendan que la violencia y autoritarismo ejercidos por los profesores a sus alumnos afecta en gran medida al buen desarrollo de sus capacidades intelectuales y habilidades socio-afectivas, hasta entonces dejarán (los padres) de ser cómplices y ya no avalarán esas conductas autoritarias. A partir de ahí, los padres estarán al pendiente de que la escuela les proporcione un trato humano (basado, por supuesto, en una formación en valores) a los niños.

En este contexto, la violencia es un signo de la pérdida de valores. Maltratar física o verbalmente a alguien no es señal de fuerza o superioridad, es una actitud indignante (Ferro, 2017). Así pues, la violencia que ejercen estos docentes es parte de una trama de violencia que se vive en la sociedad, son sólo un eslabón de la violencia institucional que se vive en la mayoría de los países, producto de sus sistemas educativos burocratizados en los que prevalece el caos y el desorden en la administración del servicio educativo, que por lo regular cuentan con modelos educativos obsoletos en manos de autoridades educativas ineficientes. Ante esta situación, a los profesores de grupo no se les proporciona una formación pedagógica y una actualización acorde a las nuevas necesidades educativas.

En ocasiones los infantes viven la violencia tanto en el hogar como en la escuela, incluso los padres y los profesores no saben cómo actuar. Así, los niños llegan a ser segregados y discriminados por los profesores y directores escolares que terminan por expulsarlos y excluirlos de toda atención educativa (Toledo et al, 2010).

Los planes y programas de estudio para la educación básica o elemental en México, (como en cualquier país del mundo) nos marcan un enfoque formativo basado eminentemente en el respeto a los derechos humanos de niñas, niños y adolescentes. Este enfoque formativo significa preparar a los alumnos para que *aprendan a aprender,* desarrollar en ellos las capacidades, habilidades y destrezas que les permitan lograr mejores niveles de comprensión, tanto de lo que aprenden en la escuela, como en la comprensión de la realidad en la que viven. Ese enfoque formativo sigue siendo letra muerta en muchos países de Latinoamérica, a los niños y niñas solo se les instruye, para que, como ciudadanos, sean reproductores de ideas, acciones y valores ya establecidos por los grupos de poder y las burocracias gobernantes; es decir, que prevalezcan las tradiciones, estilos de gobernar y creencias de la derecha conservadora, que no están dispuestos a permitir que los menores desarrollen un pensamiento liberal, creativo, critico, analítico y democrático. De ahí la idea de que a las nuevas generaciones sólo se les prepare como la fuerza laboral que habrá de mover los medios de producción y empresas. Todo eso bajo los designios del gran capital que hoy se expande y se articula a nivel mundial para conservar el dominio sobre los países subdesarrollados.

3. PROBLEMÁTICA FAMILIAR ANTE LA PÉRDIDA DE VALORES

3.1 Adicciones en niños y adolescentes

La principal causa de que los niños y adolescentes recurran al consumo de drogas es por la falta de atención u orientación, principalmente por los padres de familia, quienes son los primeros responsables de formar a sus hijos en el hogar y de alertarlos de los peligros que representa el consumir cualquier tipo de droga. Si los padres de familia no cumplen con este importante deber, los amigos o la simple curiosidad los llevará a utilizar alguna sustancia adictiva sin lugar a dudas. Estos casos pueden suceder al momento en que acuden a realizar deporte, al visitar un centro de diversiones, al convivir en la calle o incluso en la propia escuela.

La organización no gubernamental Dianova presentó un análisis del informe mundial sobre el consumo de drogas presentado por las Naciones Unidas en el 2020. En el informe se muestra que el consumo de drogas en la población mundial ha ido en aumento; tanto desde el punto de vista de las cifras generales como de la proporción de la población mundial que consume drogas. En el año 2009 la cifra estimada de 210 millones de consumidores representaba el 4.8 % de la población mundial de entre 15 a 64 años, frente a 269 millones en 2018 o el 5.3 de la población. El estudio también muestra que en las últimas dos décadas el consumo de drogas ha aumentado en los jóvenes y adolescentes, quienes representaron el mayor porcentaje de consumidores. Se señala también en el citado estudio que las incautaciones de drogas sintéticas (especialmente las anfetaminas) se cuadruplicaron entre 2009 y 2018. Se resume en la investigación que 35,6 millones de personas sufren trastornos por consumo de drogas a nivel mundial (Dianova, 2020).

La citada asociación no gubernamental al analizar un informe anterior sobre el consumo de drogas presentado por la Organización de las Naciones Unidas en el 2015, sugiere que debería trabajarse en la prevención a través de la implementación de estrategias tendientes a promover la salud pública, la seguridad y el bienestar de la sociedad.

En el caso de México, los resultados de estudios realizados por la Encuesta Nacional de Consumo de Drogas, Alcohol y Tabaco 2016-2017 nos muestra que la población de consumidores adolescentes (12 a 17 años específicamente) se cuadruplicó al pasar del 1.6 % en el 2002 al 6.4 en el 2016. Según este estudio, existen 911 mil personas adolescentes a nivel nacional que han consumido alguna droga en su vida. También se muestra que 888.9 mil de ellos consumieron drogas ilegales (Zwitser, Álvarez y Salazar, 2020). De acuerdo a la citada encuesta, llama la atención que el lugar preferido para el consumo de drogas ilegales es la vía pública (30.4%); sólo el 8% suele consumirlas en su propia casa.

Un reciente informe (2021) presentado por el gobierno de México a través del Consejo Nacional Contra las Adicciones (CONADIC) da a conocer que en el año 2016 el 2.7% de la población, es decir, 2.2 millones de personas, consumieron drogas ilegales. El estudio muestra también que el consumo de drogas ilegales, clasificado por grupo de edades, indica que en los consumidores adolescentes hubo un importante incremento, al pasar en el 2011 de 207 mil adolescentes a 414 mil en el 2016 (Secretaría de Salud, 2021).

El consumo de alcohol y drogas en los miembros del hogar en ocasiones es causa de la violencia entre hermanos o entre padres e hijos. Si los padres de familia no actúan de manera inteligente y con paciencia, es muy probable que el problema en el comportamiento de los hijos empeore y la comunicación entre ambos se vea afectada. Es importante que los padres busquen ayuda con especialistas en estos temas a fin de brindarles un trato adecuado a los hijos, ya que cuando la confianza y el respeto entre padres e hijos se pierde, será muy difícil proveerles de ayuda.

Cuando un hijo o hija adolescente se convierte en adicto a las drogas, es muy común escuchar al padre de familia expresar, que es a causa de las malas amistades o a que no fue educado correctamente en la escuela por parte de sus profesores, pues lo primero que busca es deslindarse del problema y repartir culpas. Resulta muy difícil por parte de los padres reconocer, que son ellos los que han fallado en darle al hijo una orientación adecuada en el hogar que le hubiese ayudado a prevenir este tipo de problemas.

3.2 Embarazos en niñas y adolescentes

El embarazo en niñas y adolescentes es otra grave consecuencia de la mala orientación o educación familiar. Es lógico suponer que una niña que no ha alcanzado la madurez física ni mental, se encontrará imposibilitada para ser madre de familia y no podrá educar ni criar con éxito a sus hijos. Además, los hijos no deseados, producto de relaciones sexuales pasajeras, nacerán y crecerán sólo bajo los cuidados de la madre y en ocasiones con el apoyo de algún familiar. Los cuidados y atenciones serán sin duda insuficientes, lo más probable será que los niños tendrán graves problemas de salud física o emocional. Es muy común que la adolescente embarazada viva el periodo de gestación con crisis emocional, porque su situación no es bien aceptada por sus familiares, su salud se verá deteriorada y eso repercutirá sin duda en el buen desarrollo del bebé.

La organización mundial de la salud (OMS) y el Fondo de las Naciones Unidas para la Protección de la Infancia (UNICEF) dan a conocer el impacto social y económico que representa para los países el problema de los embarazos en adolescentes, además del grave riesgo que significa para la salud del bebé y de la madre adolescente. Las organizaciones afirman que el embarazo en la adolescencia puede tener repercusiones sociales y económicas negativas para las menores, sus familias y sus comunidades. Muchas adolescentes al quedar embarazadas se ven obligadas a dejar la escuela, por lo tanto, contarán con una menor preparación y pocas oportunidades para encontrar un trabajo. Esto puede también tener un costo económico para el país, puesto que se pierden los ingresos anuales que una mujer joven hubiera ganado a lo largo de su vida de no haber tenido un embarazo precoz (OMS, 2020).

Según expertos, la edad más apropiada para ser madre es entre los 20 y los 35 años, ya que el riesgo para la salud de la madre es mucho menor. El embarazo en la adolescente se considera de alto riesgo y conlleva a más complicaciones. La adolescente no está preparada, como ya se ha mencionado, para tener un bebé y asumir con responsabilidad la maternidad (Caraballo, 2017).

En México, el Consejo Nacional de Población (CONAPO) ha advertido que cada día hay mil embarazos en adolescentes, de los cuales algunos están relacionados con prácticas sexuales bajo los efectos del alcohol y otras sustancias tóxicas, aunado a que al año nacen 380 mil niños y niñas de una madre menor de 19 años (SEMUJER en cifras, 2020).

La misma fuente da a conocer que, de acuerdo con la Estrategia Nacional para la Prevención del Embarazo en Adolescentes (ENAPEA), el embarazo en adolescentes es el que ocurre a edades tempranas (entre 12 y 19 años de edad) y por lo tanto es catalogado como un problema de salud pública que afecta al 23% de los adolescentes. Esto ubica lamentablemente a México en el primer lugar dentro del grupo de países que conforman la Organización para la Cooperación y el Desarrollo Económicos (OCDE).

Según los datos del Instituto Nacional de las Mujeres, en el 2019 se registraron en México 695 muertes maternas, de las cuales 66 corresponden a menores de 20 años. De los 2 millones de nacimientos registrados en el 2019, el 16% (384,046) fueron de madres menores de 20 años y 8507 nacimientos en niñas menores de 15 años (INMUJERES, 2021).

En México La Suprema Corte avaló en este mes de mayo del 2022 la constitucionalidad de una ley que obliga a los servicios de salud pública del país a practicar abortos a las menores de edad de entre 12 y 17 años que han quedado embarazadas por una violación, sin que estas tengan que contar con el consentimiento de sus padres o tutores.

3.3 Violencia intrafamiliar

Otro problema actual que afecta a las familias de todo el mundo es la violencia intrafamiliar. Este problema es consecuencia de una deficiente educación familiar. En una familia en la que los padres no ejercen una educación basada en los valores humanos, prevalecerá la violencia verbal o física y será 'padre contra madre', 'padres contra hijos' o 'hermanos contra hermanos'; prevalecerá también un trato autoritario entre ambos donde constantemente las pláticas terminarán en riñas o discusiones de todos contra todos. En consecuencia, la violencia será la constante o el pan nuestro de cada día en la que vivan esas familias. Cualquier forma de castigo empleada por los padres para querer disciplinar a sus hijos será una forma autoritaria y violenta de querer remediar la mala conducta. Toda acción violenta en la aplicación de un "correctivo" será una acción violatoria a sus derechos humanos. Esto sin contar que los castigos y las reacciones punitivas suelen ser realmente contraproducentes para lograr estrechar los lazos de comunicación entre padres e hijos.

La OMS (Organización Mundial de la Salud) define el maltrato infantil como los abusos y desatención que viven los menores de 18 años. En esta definición se incluyen todos los tipos de maltrato físico o psicológico. El delito de maltrato infantil es un problema mundial que genera graves consecuencias y que pueden durar toda la vida. Entre los delitos también se incluye el maltrato de pareja, sobre todo si se pone en riesgo la salud de los infantes.

El maltrato infantil es una causa de sufrimiento que se asocia a trastornos del desarrollo cerebral temprano y puede llegar a causar alteraciones en el desarrollo del sistema nervioso e inmunológico. Asimismo, los adultos que fueron víctimas de maltrato infantil corren mayor riesgo de sufrir problemas conductuales, físicos y mentales.

Según expertos en el estudio de conductas antisociales, el impacto de la violencia marital tiene serias repercusiones, no sólo para las familias afectadas, sino para la sociedad en general. Se ha asociado la violencia doméstica con trastornos físicos crónicos y otros relacionados con el estrés, el suicidio, el alcoholismo, la drogadicción, el abuso infantil y con trastornos de conducta infantil (Stooff, Breiling y Maser 2002).

En el caso de la familia, la Organización de las Naciones Unidas (ONU) ha documentado y dado a conocer el alarmante incremento de la violencia familiar en México, convirtiéndose el hogar en el lugar más peligroso para las mujeres y los niños. De acuerdo con la información proporcionada por el Secretariado Ejecutivo del Sistema Nacional de Seguridad Pública, de enero a junio del 2020, periodo afectado por las medidas de confinamiento social, las llamadas de emergencia al 911 aumentaron 45.8 % (131,224 incidentes) en comparación con el mismo semestre en el 2019 (89,998 incidentes). La violencia intrafamiliar afecta igualmente a las mujeres, niñas, niños y adolescentes (ONU, 2021).

El hogar, que debiera ser un lugar más seguro para los niños y se les protegiera en sus derechos y garantías más elementales, es un lugar en el que más se les maltrata y se les humilla; aparte de ser el lugar donde se cometen delitos de violación y abuso sexual por parte de sus familiares, como se pudo leer recientemente en un medio español: "La pandemia dejo al descubierto la plaga de los crímenes sexuales en México", alcanzando la cifra más alta registrada en el 2020 con 54,314 denuncias por estos delitos (Guillen, 2021). ¿Cómo podrían los padres de familia exigir a las autoridades escolares y docentes el buen trato y respeto para sus hijos, si son ellos mismos quienes los maltratan, abusan y violentan constantemente los derechos humanos y las garantías individuales de sus propios hijos?

De acuerdo a los datos presentados por el Instituto Nacional de Estadística y Geografía (INEGI), durante el 2020 se registraron 92,739 divorcios y 335,563 matrimonios en México. Es decir, por cada 100 matrimonios ocurrieron 27.6 divorcios. Los datos del 2020 indican que el 90.6% del total de los divorcios fueron resueltos por vía judicial, mientras que el 9.4% correspondieron a divorcios resueltos por vía administrativa (INEGI, 2021).

En la mayoría de los matrimonios que llegan al divorcio, las parejas viven fuertes episodios de violencia debido a los constantes desacuerdos que a la pareja le toca afrontar. Se viven discusiones, riñas, ofensas a la dignidad, daños, lesiones, amenazas, incluso en ocasiones el homicidio, como ya se ha documentado por los propios gobiernos con los miles de feminicidios que ocurren en México y en muchos países del mundo.

El libro, *Infierno en casa* (2013), nos muestra los episodios tan dramáticos que pueden llegar a vivir los hijos al presenciar constantemente en el hogar la violencia intrafamiliar, ya sea en contra de la madre o contra ellos mismos. Se da a conocer en dicho material un estudio realizado en México a madres de familia, con la intención de investigar la relación entre las creencias sobre los efectos positivos del castigo físico y su utilización real en la crianza de los hijos. Se encontró que existía una relación significativa entre las creencias de las madres y la utilización del castigo corporal correctivo, así como una correlación moderada, pero significativa, entre el castigo correctivo y los castigos más graves (Acevedo, 2013).

En muchos casos los padres de familia con estilos de crianza autoritarios requieren de atención psicológica. El problema es que la mayoría de ellos son personas que no aceptan críticas y permanecen con la mente muy cerrada al cambio de esos comportamientos, por lo regular tienen la idea de que ellos actúan de forma correcta. Como lo afirma la experta Rincón (2015) "Salir del rol de intimidador o de sufrelotodo no es una tarea fácil; esto requiere un verdadero cambio de actitudes en todo el sistema familiar y, para lograrlo, es importante que los padres reciban ayuda" (p. 182).

Existe la opinión entre algunos autores de que la violencia no precisamente se utiliza para corregir conductas, sino que es una violencia cuya intención es dañar al hijo o a la pareja, o sea, "[...] la violencia intrafamiliar ejercida por un conyugue o ambos obedece a descargar y desquitar frustraciones, problemas económicos, influencias, problemas de vida, etcétera y que "no" tienen nada que ver con motivaciones correctivas, solo existe el abuso de autoridad y el poder que ésta da más la violencia" (Ahumada, 2011 p. 75).

3.4 Situación del maltrato infantil en el contexto mundial

De acuerdo a datos presentados por la OMS, los estudios internacionales revelan que una cuarta parte de todos los adultos manifiestan haber sufrido maltratos físicos de niños, además, 1 de cada 5 mujeres y 1 de cada 13 hombres declaran haber sufrido abusos sexuales en la infancia. De acuerdo al reporte de dicha Organización, muchos niños son objeto de maltrato psicológico (también llamado maltrato emocional) y víctimas de desatención. Se calcula que cada año en el mundo mueren por homicidio 41 mil menores de 15 años. Esta cifra subestima la verdadera magnitud del problema, dado que una importante proporción de las muertes debidas al maltrato infantil se atribuyen erróneamente a caídas, quemaduras, ahogamientos y otras causas.

Revelan los datos presentados por la OMS que En México cada año miles de niños y niñas crecen en un ambiente hostil. La falta de oportunidades los vuelve vulnerables y los expone a cualquier tipo de situación de peligro. La violencia infantil es una de las principales causas de deserción escolar. En otros casos, los niños incluso deben conseguir recursos para sobrevivir o desarrollar algún tipo de trabajo no voluntario.

Según el informe Nacional sobre la Violencia y Salud emitido por la ONU, mueren cada día 2 niños menores de 14 años a causa de la violencia en México. Debido a esta alarmante cifra se hace un fuerte llamado a la sociedad para que tome conciencia de la importancia de erradicar este problema con urgencia (Campos, 2017).

Recientemente el Secretario General de la Organización de las Naciones Unidas, Antonio Gutiérrez, advirtió que la amenaza en mujeres y niñas se hace más severa en estos tiempos de confinamiento y en el lugar donde supuestamente deberían estar más seguros: en sus propios hogares. El funcionario de la ONU afirmó también que antes de la pandemia un tercio de las mujeres de todo el mundo experimentaban alguna forma de violencia en su vida. En algunos lugares la violencia de pareja suponía una realidad para el 65% de las mujeres (ONU, 2020).

Otro boletín de la Organización Mundial de la Salud señala que el maltrato infantil se define como los abusos y la desatención de que son objeto los menores de 18 años, e incluye todos los tipos de maltrato físico o psicológico, abuso sexual, desatención, negligencia y explotación comercial o de otro tipo que pueda causar un daño a la salud, desarrollo o dignidad del niño, o poner en peligro su supervivencia, en el contexto de una relación de responsabilidad, confianza o poder. Señala la OMS también de acuerdo a estudios internacionales que una cuarta parte de todos los adultos manifiestan haber sufrido maltrato físico de niños.

Señala la OMS que la mejor manera de atender el problema es la prevención del maltrato infantil, al manifestar la urgencia de un enfoque multisectorial con la puesta en marcha de programas eficaces que presten apoyo a los padres de familia mediante la impartición de conocimientos y técnicas positivas para criar a sus hijos, en los cuales se mencionan:

- Las visitas domiciliarias de enfermeras para ofrecer apoyo, formación e información.

- La formación de los padres, generalmente en grupos, para mejorar sus aptitudes para criar a los hijos, mejorar sus conocimientos sobre el desarrollo infantil y alentarlos a adoptar estrategias positivas en sus relaciones con los hijos.

- Las intervenciones con múltiples componentes, que generalmente incluyen el apoyo a los padres y su formación, la educación preescolar y la atención al niño.

(OMS, 2020)

Desafortunadamente el castigo corporal, las agresiones psicológicas y otras formas humillantes de trato, son comúnmente vistas como conductas normales en México y son ampliamente aceptadas como métodos de disciplina, tanto en la familia como en la escuela. En este país se han llevado a cabo reformas importantes a fin de prevenir y erradicar las conductas de violencia familiar a partir de la reforma del Código Penal Federal de enero del 2020. Este señala en su artículo 343 bis que:

"Comete el delito de violencia familiar quien lleva a cabo actos de conducta de dominio, control o agresión física o psicológica, patrimonial o económica a alguna persona con la que se encuentra o haya estado unida por vínculo matrimonial, de parentesco, por consanguinidad, afinidad o civil, concubinato, o una relación de pareja dentro o fuera del domicilio familiar".

Por lo que se impondrá de seis meses a cuatro años de prisión y perderá el derecho de pensión alimenticia. Así mismo se le sujetará a tratamiento psicológico especializado Núñez (2020). Cabe aclarar, que de los 32 estados que conforman la república mexicana, solo en tres entidades es considerado como delito grave: Jalisco (de seis meses a 5 años de prisión), Sonora (de 1 a 12 años) y Veracruz (de 3 a 7 años). Solamente en Sonora y Veracruz es considerado como delito sin derecho a fianza.

En México, la cámara de diputados dio a conocer a través del boletín Número 6097 que el delito de violencia familiar se persiga mediante oficio, lo que significa que las victimas tendrán más garantías de que sin interponer la denuncia ante las instancias correspondientes se les pueda hacer justicia (Cámara de diputados, 2021).

3.5 Delitos y abusos sexuales en México contra niñas, niños y adolescentes.

El abuso sexual ejercido contra los menores refleja el grado de descomposición social que se vive actualmente en México; problema que refleja también el alto nivel de impunidad y corrupción en el que se encuentran las instituciones encargadas de la impartición de justicia. Situación que pone de manifiesto la urgente necesidad de formar e informar a toda la sociedad en general sobre el fomento, la práctica y aplicación de los valores humanos, principalmente a los estratos sociales mayoritarios que desde hace tiempo han sido excluidos del sistema educativo nacional, desertando del servicio educativo que el estado les ha ofrecido. Millones de niños y jóvenes han tenido que abandonar las aulas para incorporarse a las actividades laborales o al crimen organizado. Con pandemia o sin pandemia los servicios educativos ofertados son de mala calidad, como lo han demostrado los estudios y evaluaciones realizados en el nivel básico, medio-superior y superior.

De acuerdo a la información publicada por la comunidad de conocimiento Alumbra (Integrada por 50 organizaciones de la sociedad civil, agencias nacionales y organismos internacionales) se da a conocer que la violencia en contra de niños, niñas y adolescentes en México ha registrado un aumento de casi el doble, es decir, en 2015 hubo 11, 980 delitos de este tipo, mientras que en el 2020 subió a 22, 377, lo cual implica una tasa de crecimiento de un 87% en un periodo de 5 años. Especificando que, de acuerdo con cifras del Secretariado Ejecutivo del Sistema Nacional de Seguridad Pública (SESNSP), en el año 2019 se registraron un total de 53, 429 delitos sexuales, mientras que en el 2020 fueron 54, 314 a nivel nacional. O sea, en el año pasado se cometieron 42 delitos de tipo sexual por cada 100 mil habitantes (Rivera, 2021).

La asociación *Alumbra* da a conocer la siguiente tabla sobre delitos sexuales a niñas, niños y adolescentes:

Delitos donde se afecta la libertad y la seguridad sexual según incidencia delictiva del 2015 a 2020

CAPÍTULO II. PROBLEMÁTICA ACTUAL RELACIONADA CON UNA DEFICIENTE EDUCACIÓN FAMILIAR

Año	Número de delitos	Tasa por 100 mil habitantes	Tasa de crecimiento
2015	31,408	25.88	NA
2016	35,242	28.72	11%
2017	37,025	29.85	4%
2018	43,016	34.32	15%
2019	53,429	42.21	23%
2020	54,314	42.50	1%

Un importante diario de circulación nacional en México informó que cada año más de 4 millones de niñas y niños son víctimas de abuso sexual. Esto de acuerdo a un estudio realizado recientemente por la Organización para la Cooperación y el Desarrollo Económicos (OCDE). El estudio sostiene que dicho país tiene el primer lugar mundial en esos delitos de los países que conforman dicha organización.

Se afirma también al respecto que, de acuerdo con el Colectivo contra el Maltrato y Abuso Sexual Infantil, esta cifra es poco realista porque sólo es denunciado uno de cada 100 casos de abuso sexual infantil: estas cifras hablan del grave problema que se vive en México a escala nacional. Los principales agresores se encuentran en el seno familiar: padres biológicos, padrastros, hermanos, abuelos, tíos, sobrinos, primos... los abusadores sexuales están en el seno de nuestras familias, asegura en entrevista la fundadora y directora de este Colectivo, Lizzette Argüello Rocha.

Se sostiene (en el mismo diario) que, de acuerdo con un estudio del Consejo Ciudadano de la Ciudad de México, los principales agresores sexuales de los niños son familiares, luego maestros y después sacerdotes: 30 por ciento, abuelos o padrastros; 13 por ciento, tíos; 11 por ciento, padres biológicos; 10 por ciento, primos; 8 por ciento, vecinos; 7 por ciento, maestros; y 3 por ciento, hermanos (Martínez, 2019).

3.6. Los malos hábitos alimenticios en niños y adolescentes

Se les considera alimentos chatarra a aquellos que contienen gran cantidad de calorías, azúcar, grasa y sal; en cambio contienen pocas proteínas, vitaminas o minerales y nutrientes en general. A este tipo de comidas pertenecen las frituras, las golosinas, bebidas azucaradas, pizzas, pasteles, galletas, bebidas gaseosas y muchas más.

La Organización Panamericana de la Salud (OPS), clasifica a estos alimentos en cuatro tipos, esto en base a su naturaleza y grado de procesamiento (Orjuela, 2017), los cuales son:

- Alimentos sin procesar o mínimamente procesados

- Ingredientes culinarios procesados
- Alimentos procesados
- Productos ultra procesados.

Los alimentos procesados son fabricados por la industria añadiendo sal, azúcar u otra sustancia de uso culinario a alimentos naturales con el fin de hacerlos durables y más agradables al paladar. Son productos derivados directamente de alimentos y se reconocen como versiones de los alimentos originales.

Los productos ultraprocesados son formulaciones industriales fabricados íntegra o mayormente con sustancias extraídas de alimentos (aceites, grasas, azúcar, almidón, proteínas), derivadas de constituyentes de alimentos (grasas hidrogenadas, almidón modificado) o sintetizadas en laboratorios a partir de materias orgánicas como petróleo y carbón (colorantes, aromatizantes, resaltadores de sabor y diversos tipos de aditivos usados para dotar a los productos de propiedades sensoriales atractivas). Entre sus técnicas de fabricación se cuentan la extrusión, molienda y procesamiento previo mediante fritura o cocción.

El autor (Orjuela, 2017) afirma, que el consumo de productos ultraprocesados conlleva a diversos problemas nutricionales y metabólicos, además, tienen repercusiones sociales y culturales, económicas y ambientales como el deficiente apoyo de la producción campesina y su subsecuente empobrecimiento y abandono del campo; la contaminación de las fuentes de agua, entre otras.

Los problemas con estos productos para la salud radican en que:

• Tienen una calidad nutricional muy baja, se diseñan para tener altas palatabilidades (muy sabrosas y deseables).

• La mayoría son adicionados con sustancias que generan adicción.

• Imitan los alimentos y se les ve erróneamente como saludables.

• Fomentan el consumo frecuente de snacks (llamados también *aperitivos*, son un tipo de alimento que generalmente se utilizan para satisfacer temporalmente el hambre, proporcionar una mínima cantidad de energía para el cuerpo o simplemente por placer).

• Se anuncian y comercializan de manera agresiva y como saludables, que facilitan la vida, que dan felicidad o tiene efectos extraordinarios sobre la vida de las personas (en el deporte, en el crecimiento de los niños, etc.)

• Son social y culturalmente destructivos, al promover el desinterés de las cocinas tradicionales.

En otro informe dado a conocer por la Organización Panamericana de la Salud (OPS), elaborado conjuntamente con la Organización Mundial de la Salud (OMS), se afirma que las ventas de alimentos procesados industrialmente, incluyendo la comida rápida y las bebidas azucaradas, aumentaron de manera constante en América Latina y están ayudando al incremento de las tasas de obesidad en toda la región. Al respecto señala que en los países en que las ventas de estos productos fueron mayores, incluyendo en México y Chile, la población tuvo una media de masa corporal mayor.

Las ventas per cápita de los productos ultraindustrializados aumentaron en los 13 años contemplados en el estudio el 27,7 por ciento en los 13 países examinados de la región (Argentina, Bolivia, Brasil, Chile, Colombia, Costa Rica, Ecuador, Guatemala, México, Perú, República Dominicana, Uruguay y Venezuela).

En dicho informe se sugieren básicamente, campañas de información y educación, pero también proteger y promover la agricultura familiar, los cultivos tradicionales, la inclusión de los alimentos frescos de origen local en los programas de almuerzo escolar. También llaman a establecer límites estrictos a la comercialización de productos alimenticios poco saludables para los niños. (OPS / OMS, 2015).

En un reciente comunicado dado a conocer por la OMS, hace un llamado urgente a los gobiernos a fomentar la alimentación saludable en los establecimientos públicos como las escuelas, las guarderías, las residencias de ancianos, los hospitales, los centros penitenciarios. Esto para que sus comedores se encarguen de proporcionar alimentos nutritivos, naturales y en buen estado. La idea contribuiría a prevenir así los 8 millones de defunciones que se registran cada año a causa de la alimentación insalubre. Además, señala que los gobiernos han de dar ejemplo velando por que los alimentos que se sirven y se venden en los establecimientos públicos, ayuden a alimentarse saludablemente y a salvar vidas. Señala el comunicado que no se deben destinar fondos públicos para adquirir alimentos que resulten en dietas dañinas (OMS, 2021).

En México, por ejemplo, con el apoyo de los medios publicitarios y el Estado, operan libremente miles de empresas que producen gran variedad de alimentos llamados "chatarra" (Dícese así por su alto contenido de calorías, azúcares y grasas) que, en contubernio con los gobiernos, venden libremente sus productos a sabiendas de que muchos de ellos son la causa de diversas enfermedades como obesidad, diabetes, cáncer y otras más. Adultos y niños adquieren malos hábitos alimenticios debido a la alta publicidad en los medios y a la poca o nula información que se tiene en relación a este tipo de productos alimenticios que, incluso, se comercializan en los propios centros educativos. México ocupa el primer lugar en obesidad infantil, como se ha dado a conocer por datos oficiales de la reciente encuesta nacional (INEGI, 2020). Cabe aclarar que son pocos o nulos los esfuerzos que se hacen para combatir este problema, que es catalogado como de Salud Pública Nacional y que afecta a toda la población en general.

Recientemente la Organización Panamericana de la Salud (OPS) exhortó a México a romper con "los conflictos de interés" con la industria de alimentos ultraprocesados que han generado enfermedades crónicas y degenerativas. Esto al afirmarse que:

> "En este esfuerzo preparatorio del gobierno mexicano debe de destacarse el cuidado para que en la definición de posiciones nacionales se haya tenido el cuidado de preservar los conflictos de interés, pues la única forma de establecer

a futuro sistemas alimentarios que respondan a las necesidades humanas, es separarlo de esos intereses económicos de unos pocos que afectan la salud de los muchos".

Así lo explicó Cristian Roberto Morales representante de OPS/OMS. Se confirma en dicho reportaje que se atribuyen 40 mil muertes todos los años tan sólo por el consumo de bebidas azucaradas y las dietas de mala calidad y contribuyen a más de 100 mil muertes anuales por diabetes. La carga que genera al país es de alrededor del seis por ciento del Producto Interno Bruto. Se señala que el 30 por ciento de las calorías que consumen todos los mexicanos cada año, provienen de alimentos ultraprocesados mal sanos. El 10 por ciento de personas adultas en México tiene diagnóstico de diabetes mellitus tipo 2, y el 18 por ciento hipertensión arterial, además de que al menos entre 2 y 5 millones de personas adultas tienen alguna de estas enfermedades y aún no lo saben (Valadez, 2021).

De acuerdo a información reciente de la OMS, actualmente la obesidad y el sobrepeso en México han alcanzado proporciones alarmantes, pues el país ocupa el segundo lugar a nivel mundial entre la población adulta. Señala también, que dicha afección aumenta exponencialmente la probabilidad de padecer algún problema de salud grave como: diabetes, presión arterial alta, niveles altos de colesterol y triglicéridos en la sangre, insuficiencia cardiaca, accidentes cerebrovasculares, problemas óseos y articulares, apnea del sueño, cálculos biliares y problemas del hígado, además de que también puede desarrollar algunos tipos de cáncer como el de colón (Revelo, 2022).

4. PADRES DE FAMILIA CON PROBLEMAS DE ADICCIONES

Hemos señalado que las familias son las células de la sociedad que, al interactuar unas con otras, forman las comunidades, es decir, son el principio del tejido social y lugar donde nacen y se desarrollan los miembros de la sociedad. Si los menores se desarrollan en ambientes sanos, es muy probable que en el futuro serán ciudadanos con una mejor calidad de vida.

Si uno de los padres de familia tiene problemas de alcoholismo o drogadicción, sin duda que la familia vivirá episodios de discusiones y violencia familiar. Frecuentemente los más afectados son la pareja y los hijos. Los padres tienen la función de cuidar y proteger a los hijos, de apoyarlos económicamente en un sinfín de necesidades como alimentación, educación, salud, vivienda, seguridad familiar, entre otras. Cuando el padre o la madre de familia son adictos al alcohol o alguna droga, pueden llegar a actuar de forma violenta, ocasionando graves problemas de desorden y falta de respeto al interior de la familia. Es importante notar que su condición de enfermos les ocasionará problemas emocionales que los llevarán a presentar trastornos en su comportamiento, tales como ansiedad, estrés, episodios de ira, incluso a perder el control a la hora de intervenir en la solución de algún problema familiar. Es sabido que los padres de familia deben asumir el liderazgo en la familia al orientar y aconsejar debidamente a los hijos ante cualquier situación que se presente, ya sea en la solución de algún problema o incluso en su prevención. Los padres son como el sostén principal, los pilares o brazos fuertes en los que se sostiene la estructura familiar, de ellos depende en gran medida que en la familia las cosas funcionen de la mejor manera, que todos vivan en buena armonía y convivencia. Es muy lógico suponer que, si el padre o la madre de familia no son capaces de tratar su adicción y recibir la atención necesaria con un especialista, no podrán contribuir mucho al bienestar de la familia, por el contrario, sus actos causarán más daños. En este caso los padres adictos irán perdiendo autoridad moral ante los hijos, de tal manera que poco a poco perderán su confianza. Es aquí donde los padres, al no cumplir con esa función importante de cuidar a la familia, dejarán de tener la admiración, respeto y reconocimiento de sus propios hijos.

El uso o el abuso en el consumo de alcohol y otras drogas pueden ser la causa de que la relación de pareja se deteriore poco a poco hasta llegar finalmente a la separación. Son los hijos los más vulnerables ante una situación conflictiva (como lo es, por ejemplo, el divorcio), son ellos quienes principalmente sufrirán las consecuencias que en muchos casos son agredidos física o emocionalmente, en otros casos son utilizados por un miembro de la pareja en el propio golpeteo que se da en forma personal. Estos golpes emocionales que los hijos reciben ante una relación de separación, será algo que sin duda los marcará psicológicamente para toda la vida.

De acuerdo con datos recientes presentados por la revista social española Psychiatry and Psychiatric Epidemiology del hospital clínico de Barcelona, se descubrió que los hijos de padres alcohólicos tienen cuatro veces más trastornos psicopatológicos, así como mayor tendencia al fracaso escolar, déficit cognitivo y problemas médicos. Además, los hijos de adictos presentan patologías frecuentes como déficit de atención, hiperactividad, depresión, enuresis y trastornos de ansiedad que se manifiestan a través de fobias. De acuerdo con esta investigación el aumento del riesgo en estos niños parece estar ligado a tres factores: el efecto biológico del etanol en las células y en el feto, la transmisión genética de vulnerabilidad para desarrollar el alcoholismo y otros trastornos psicopatológicos, y las influencias socio ambientales (Díaz, 2015).

CAPÍTULO III. QUÉ ACCIONES DESARROLLAR PARA EDUCAR A LA FAMILIA EN LOS VALORES HUMANOS

1. CÓMO EDUCAR A LOS HIJOS EN LOS VALORES HUMANOS

Nos hemos referido en los anteriores capítulos a la gran importancia de lo que significa educar a los hijos en los valores humanos. En este capítulo se hace un análisis paso a paso de lo que implica para los padres de familia el poder formar a los hijos con un enfoque basado en los valores humanos, en otras palabras, con un estricto apego al respeto a los derechos de los infantes. Así mismo, mencionaremos en cada acción el tipo de herramientas metodológicas y conocimientos que se requieren para que realmente nuestra labor como padres de familia sea cada vez más productiva, capaz de llevar siempre por el camino del éxito, la buena armonía y convivencia a los hijos; formar seres felices con buenas perspectivas de vida basadas en la preparación, el buen oficio y desde luego saber vivir con paz y concordia dentro de la sociedad. Actuar con responsabilidad y cumplir a cabalidad para que los hijos sepan conducirse por el camino del bien y que en un futuro se conviertan en hombres dignos y respetables, constructores de las nuevas generaciones que la sociedad requiere.

No es por demás mencionar que, si queremos que un niño viva en el hogar un ambiente sano y que tenga un desarrollo integral de su personalidad, basta con que observe la honestidad, la sinceridad y el respeto como la forma de ser de sus propios padres (Gurrola, 2021). Esto nos compromete como padres de familia a dar el cambio que se requiere para llevar a buen puerto a nuestros hijos, a partir de crear entornos familiares sanos donde todos los miembros interactúen y convivan mutuamente con el debido respeto. Se requiere educar con el ejemplo y actuar siempre pensando en los demás. Es imprescindible entender que no podemos formar a nuestros hijos si no somos capaces de educarnos e instruirnos primeramente a nosotros mismos, como dijera la autora "La educación, los valores, las reglas y el amor comienza en la familia, pero para educar a nuestros hijos hay que dejarnos educar. Nosotros como padres debemos saber sobre los valores, las normas, los límites y las reglas" (Jáuregui, 2017, pág. 106).

CAPITULO III. QUÉ ACCIONES DESARROLLAR PARA EDUCAR A LA FAMILIA EN LOS VALORES HUMANOS

Como padres de familia tenemos el deber de prepararnos. Abrir nuestra mente para comprender que la mejor forma de educar a los hijos es proporcionándoles los conocimientos, así como ayudarles a mejorar sus habilidades para enfrentar los nuevos retos, pero, sobre todo, formarlos en los valores humanos que les habremos de inculcar a cada paso para que se conviertan en personas nobles de buenos sentimientos y que crezcan intelectualmente. Esto también fortalecerá su espíritu y la grandeza de su propio ser. Todo lo anterior se traduce a que necesitamos cambiar nosotros mismos como padres, romper paradigmas y estereotipos que de la sociedad se aprenden y que muchas de las veces nos hacen actuar en forma prepotente y que, en lugar de orientar, aconsejar o convencer a nuestros hijos, terminamos por obligarlos y presionarlos para que obedezcan lo que nosotros queremos imponerles.

Como padres de familia tenemos el deber de actuar con mucho respeto a la forma de pensar de los hijos. Los tiempos han cambiado y las circunstancias no son las mismas, sobre todo por el uso de las nuevas tecnologías que han adquirido una gran influencia en los menores y su forma de ver el mundo. Ante esta circunstancia, los padres debemos de conocer el uso y manejo de las tecnologías de la información, a fin de poder entender la manera en que influyen en la forma de pensar de los hijos, y en base a eso, poderles proporcionar la mejor orientación. Necesitamos darles a los hijos cariño, amor, paz, tranquilidad, seguridad en sí mismos, confianza y, desde luego, proporcionarles los conocimientos y nuestras experiencias a fin de que desarrollen sus capacidades, actitudes y habilidades para vivir mejor.

Se debe fomentar constantemente en los menores el respeto hacia los demás, el consumo necesario, el cuidado de la naturaleza, la solidaridad, la humildad, la importancia del trabajo en equipo, la productividad, la responsabilidad en el trabajo y el estudio, entre otras.

Ser padre de familia requiere de una gran labor para la cual se debe de invertir el tiempo necesario con el objetivo de entender las necesidades de los hijos. Es mejor invertir el tiempo de manera positiva previniendo la aparición de los problemas en vez de invertirlos de manera negativa cuando el problema ya esté presente (Perry, 2020). Si bien es cierto que no existe un lugar que nos enseñe a ser buenos padres de familia, es necesario prepararnos por nuestra cuenta para saber cómo orientar a los hijos y apoyarlos en sus necesidades en el momento más oportuno. Para ello debemos consultar materiales impresos, cursos para padres, orientación impartida por especialistas en el tema y todo aquello que nos lleve a ser y a actuar como excelentes formadores de nuestros hijos.

1.1 Ayudar a los hijos para que tengan un desarrollo integral de su personalidad

Hay que orientarlos para vivir en sociedad, es decir, deben privilegiarse las formas de educación en valores de impacto colectivo, de interés social y de bien común, no sólo aquellos de carácter individual. Es necesario lograr una formación moral que ayude al desarrollo integral de la persona, pero esto sólo tiene sentido si se le prepara para vivir en comunidad. A los hijos desde pequeños debemos enseñarles a interrelacionarse con sus semejantes, a respetar otros gustos, formas diferentes de ser o de pensar. Deben de comprender que es bueno compartir lo que se tiene con sus iguales, compañeros de clase, amigos o familiares con los que se relacionan… y que comprendan que en una sociedad todos necesitamos de todos (Soe, 2008).

Como padres debemos contribuir en crear un ambiente familiar cálido para los hijos, de mucha confianza y comprensión. Sólo de esa manera tendremos un entorno en el hogar propicio para un desarrollo integral de su personalidad (Ortega, Mínguez y Saura, 2003). Hemos comentado que un niño, desde los dos años, comienza a formar su personalidad. No será sino hasta los 18 años cuando la mayor parte de sus rasgos ya hayan sido definidos. Es por eso que como padres podemos mejorar las condiciones óptimas en el hogar y darle una atención de calidad que le permita tener una formación sana.

Por ejemplo, un niño a los dos años de edad tendrá necesidades específicas por lo que requiere de atención y cuidados especiales, pues a esa edad, los niños están descubriendo el mundo que los rodea y prácticamente hay que llevarlos de la mano. En la medida que van creciendo requerirán de una orientación diferente, ya que se harán cada vez más independientes.

Es común que tanto el padre como la madre dediquen la mayor parte de su tiempo a trabajar para llevar el sustento al hogar. Aquí es donde la pareja tiene que tomar en cuenta que educar a los hijos requiere del mayor tiempo necesario a fin de hacerlo de la mejor manera, por lo tanto, es muy necesario organizar los tiempos con la pareja para poder darles esa atención de calidad. Cuando los dos miembros de la pareja laboran fuera de casa, los hijos tienen que estar bajo el cuidado de un familiar o personas que se dediquen a esa labor. Por muy buena atención que les proporcione otra persona, es muy recomendable que sean los padres quienes acompañen a los hijos, sobre todo cuando son menores de edad, pues son ellos quienes conocerán mejor sus necesidades y los más interesados de que tengan una atención de calidad.

Entre padres e hijos debe haber una vinculación de respeto mutuo que pueda llegar a tener un gran peso en el desarrollo del menor, aunque no es solamente eso lo que se requiere. Los infantes deben saber relacionarse con las personas que los rodean, aprender a distinguir lo que está bien de lo que está mal; lo que está prohibido y lo que no lo está. Deben saber también que los objetivos que uno se propone exigen esfuerzo y que no siempre se logran.

Una educación familiar con enfoque en los valores deberá estar basada en el cariño y la comprensión. Es menester entender que los niños cometerán errores a su paso; como lo hemos dicho, los menores carecen de identidad propia al experimentar cosas nuevas que consecuentemente pueden cometer múltiples tropiezos. Sin embargo, jamás debemos actuar con violencia, aun cuando sus errores sean graves, porque esa puede ser la causa de que la confianza y la comunicación se pierdan y los problemas pueden llegar a agravarse aún más. Por eso, actuar con inteligencia es darles siempre ánimo en seguir adelante y motivarlos constantemente para que superen la situación problemática por la que atraviesan. Pensar, sobre todo, que una educación familiar integral como la que aquí sugerimos (Gurrola, 2020) debe cumplir cuando menos con tres condiciones básicas:

a) Relación afectiva cálida

b) Cuidado atento de acuerdo a sus necesidades

c) Disciplina consistente sin autoritarismos

Lo anterior significa que jamás se debe actuar con violencia: tener paciencia y tolerancia es la única manera de hacerles entender a los hijos, que, por el bien de ellos, requieren superar cualquier situación problemática por difícil que parezca. Es muy común que los padres de familia ejerzan motivación sobre sus hijos, mencionaremos los dos tipos de motivación que existen de acuerdo a los expertos de la psicología infantil. Por un lado, la *motivación extrínseca*, la cual está basada principalmente en los premios y castigos: es decir, proporcionarle algo del exterior a la persona a fin de lograr la conducta deseada, lo que poco o nada tiene que ver con sus necesidades, que puede ser, por ejemplo, prohibirles o limitarlos de algo a cambio de que realicen o cumplan con una tarea determinada o simplemente que se porten bien. En cambio, lo que aquí sugerimos es que la *motivación* sea *intrínseca*, la cual expresa para los hijos sus más genuinos deseos y aspiraciones; aquello que los ponga en contacto con la posibilidad de aprender conocimientos y desarrollarse como personas (Moreno, 2011). Esta motivación se basa en que el niño adquiera conciencia sobre la magnitud del problema, de que llegue a comprender y se convenza que debe contribuir para su propio beneficio, haciendo todo lo que esté de su parte para que el problema se resuelva. Es decir, consiste en hacer que el niño se interese por sí mismo en aprender conocimientos o en todo caso hacer que le guste aprender todo aquello que le resuelva sus necesidades de aprendizaje. Esto también tiene el propósito de volver autosuficiente al menor y ayudarle a que aprenda a resolver por sí solo los problemas que se le presenten posteriormente, buscando las mejores alternativas de solución. De esa forma será cada vez más asertivo, creativo y persistente ante cualquier evento.

1.2 Cómo educar en la conciencia moral autónoma a los niños y adolescentes

Como lo señala Soe (2009), construir un pensamiento moral autónomo, justo y solidario, supone alcanzar un buen desarrollo de todos los componentes que dan forma al pensamiento moral. Esto es, que los menores conozcan sus propios motivos e intereses para poder colocarse en el lugar del otro y ser capaces de establecer relaciones de diálogo, intercambiando opiniones y razonando sobre los puntos de vista diferentes al propio.

La formación de valores, tanto en la familia como en la escuela, debe tener el objetivo de propiciar el desarrollo de sujetos autónomos capaces de construir sus propias estructuras de conocimiento; es decir, no se trata de transmitir determinados valores, sino de promover el desarrollo de la capacidad de formular juicios morales y de actuar en consecuencia (Schmelkes, 2004).

De acuerdo con la experta en psicología infantil, Celia Rodríguez, existen 10 errores principales que se deben evitar en la educación de nuestros hijos:

- No poner límites. Los niños y niñas necesitan límites, ya que les aportan seguridad y les permiten saber lo que pueden hacer y lo que se espera de ellos.
- Darles todo lo que quieren. Es contraproducente proporcionarles a los hijos lo que te pidan, crecerán continuamente frustrados ya que nunca verán satisfechos sus necesidades y deseos. Además, no desarrollarán su espíritu de sacrificio y su capacidad de esfuerzo.
- Hacer las cosas por ellos. Es muy importante que poco a poco los niños y niñas se encarguen de aquello que pueden hacer por sí mismos. Esto es fundamental para el desarrollo de su autoestima y responsabilidad.
- Dejar de lado la educación emocional de los niños y niñas. Los pequeños aprenden a través de lo que sienten. Reconocer las propias emociones y ser capaces de desarrollar estrategias de autorregulación emocional es una habilidad fundamental.

- No permitirles desarrollar su autonomía. Cuando somos demasiado autoritarios con ellos, los hacemos inseguros y dependientes.
- La sobreprotección. Debemos proteger, pero permitiendo su desarrollo.
- Las críticas, etiquetas y comparaciones sobre la propia persona. Bajo ningún pretexto debemos hacer sentir mal a nuestros hijos ni compararlos con alguna persona, ni nada que dañe su autoestima o subestime su personalidad. No debemos etiquetarlos con apodos o sobrenombres que les cause ofensa personal.
- No establecer hábitos y rutinas. Los niños o adolescentes están descubriendo un mundo nuevo, es por eso que debemos ayudarlos a formarse en hábitos sanos y saludables como: alimentarse sanamente, seguir reglas de higiene, dormir bien, etc.
- No dedicarles tiempo de calidad. Dedicar todos los días un rato a disfrutar de nuestros niños y niñas es nuestra obligación y recompensa a nuestro día a día.
- No seguir unas pautas educativas comunes entre los diferentes educadores. Rodríguez, 2021).

Se considera un fin necesario la formación o educación infantil en el seno del hogar, para que los niños poco a poco aprendan a actuar autónoma e independiente y a tomar mejores decisiones en situaciones problemáticas en las que los padres no estén presentes para indicarles lo que deben hacer. Es obvio que los niños en los primeros años de vida ocupen mayor apoyo de parte de los padres para resolver sus necesidades de recreación, alimentación, limpieza, higiene y educación, pero al llegar a la adolescencia es recomendable orientarlos para que actúen de la mejor manera. Que aprendan a interactuar y convivir sin afectar a los demás, sobre todo en el contexto escolar donde tendrán que decidir, por sí solos, qué es lo que deben hacer y la mejor manera de hacerlo, respetando las reglas de convivencia escolar y manteniendo la buena comunicación con los profesores. En palabras de Parra (2003) "El desarrollo del juicio moral tiene lugar a través de la interacción dinámica entre el organismo y el contexto sociocultural en el que vive la persona, favoreciendo un proceso que lleva al sujeto desde la heteronomía a la autonomía moral" (Pág. 82).

La resolución de dilemas morales es una de las formas más eficaces de estimular el pensamiento crítico y el desarrollo moral de tus hijos e hijas. Gracias a estos ejercicios los niños pueden anticiparse a las decisiones críticas que probablemente tengan que afrontar en la vida, clarificando cuáles son sus prioridades vitales. Lee detenidamente la siguiente historia a tu hijo o hija adolescente y escucha su punto de vista.

"La Historia de Aatun"

Aatun era una chica africana que había llevado una vida traumática. Con apenas 3 años, había sido vendida a los milicianos de la guerrilla de Sierra Leona. Desde entonces, su vida había sido un verdadero infierno.

Esclavizada desde la más tierna infancia, Aatun se había visto obligada a satisfacer todas las necesidades de los hombres que disponían de ella. Había tenido que barrer, fregar y limpiar durante días, sin apenas descanso. Todo eran insultos y amenazas. Cuando los hombres volvían de sus escaramuzas, la utilizaban como juguete sexual sin reparos. Sus expresiones de dolor, su llanto y su angustia, lejos de frenarlos, estimulaban el sadismo de sus agresores.

Aatun era la esclava preferida de Sidiko, uno de los principales señores de la guerra de Sierra Leona. Sidiko era un hombre especialmente cruel, responsable directo del genocidio de hombres, mujeres y niños, en los poblados que no estaban protegidos por la resistencia rebelde. Dejaba que sus súbditos abusaran de Aatun, pero, con espíritu egoísta, velaba porque su vida no corriese peligro. Nunca dejaría que nadie atentase contra su vida, pasara lo que pasara, y los hombres a su cargo le temían y respetaban su criterio.

En Sierra Leona vive una serpiente que los lugareños llaman Babue Simba. Babue Simba es un pequeño reptil que está prácticamente por todas partes. Su veneno no pasa de provocar un pequeño escozor a las personas adultas, pero es nefasto para los bebés recién nacidos. Recorre la sangre a gran velocidad, y afecta al desarrollo del cerebro. El encéfalo se inflama, y se producen grandes fiebres. La enfermedad es breve, pero deja a los niños gravemente dañados, sufriendo importantes dolores a lo largo de toda su vida. Muchos de ellos apenas pueden moverse de la cama.

Fruto de las violaciones que había sufrido, Aatun concibió a un niño, de nombre Gabión, durante el mes de noviembre. Gabión, por orden de Sidiko, sería en el futuro un importante miembro de la tribu.

Poco después del nacimiento del niño, surgió su oportunidad: Al despertar, Aatun encontró abierta la puerta de su cubículo. Sacó con timidez la cabeza y descubrió que el centinela se había dormido. Muerta de miedo, pero armada de valor por la necesidad de ofrecer a su hijo una vida mejor, caminó durante minutos a ras de la alambrada, hasta que llegó a la puerta y salió. Llevaba a su hijo en brazos, con la boca tapada por miedo a que emitiera cualquier sonido. Al salir Gabión emitió una leve sonrisa, impulsando a su madre a correr como nunca lo había hecho.

Poco después escuchaba sonar la alarma del campamento. Era evidente que los hombres se habían percatado de su ausencia, y que vendrían, sin duda, tras ella.

Al poco tiempo se le congeló la sangre. De repente se encontró cercada por la jungla, con un inmenso río delante de ella. El río estaba infestado de cocodrilos. Para cruzarlo, tan sólo existía una pequeña pasarela, construida con tres cuerdas, remendadas entre sí. Era evidente que no podía pasar con su hijo.

No obstante, al otro lado pudo divisar una barca de pescadores. Tenía remos e incluso un motor que quizás funcionase. Era el medio de evasión perfecto para ella y para su hijo.

Paralizada por el miedo, Aatun, tenía que tomar una decisión:

Si dejaba al niño solo en el suelo, podía sufrir con gran probabilidad el ataque de Babue Simba, la serpiente, cuyo hábitat preferido era la ribera de los ríos. El niño podría sufrir de por vida. Pero así podría escapar de su tormento.

Si no lo hacía, conservaría –con seguridad- la salud de su hijo, pero se expondría a regresar a una vida de tormentos.

Aatun sólo puede elegir entre estas dos opciones ¿cuál es la decisión correcta?

(Saitua, 2017)

Una vez escuchada la opinión de tu hijo y/o hija, reflexiona en lo siguiente: Una educación familiar basada en los valores humanos estará orientada hacia una formación de la *conciencia moral autónoma*, es decir, ayudarle al menor a desarrollar esa capacidad para que llegue a tener un juicio moral por sí mismo, que no dependa de la valoración que hagan los demás.

Leamos ahora con atención el siguiente cuento de *el canoero* en el que los niños al finalizar la lectura, deberán manifestar su opinión, la cual será sin duda diferente entre unos y otros, dependiendo de los valores en los que fueron educados y desde luego de su interpretación personal (Esta lectura es apta básicamente para adolescentes).

El canoero

Personajes: Canoero, El novio, María, La madre y Juan

Cierta vez había un canoero que era el encargado de transportar a las personas desde la orilla de un rio hasta una pequeña isla que se encontraba a medio kilómetro y que los pobladores del lugar solían visitar para conseguir frutos, peces, animales silvestres y otros que les servirían de alimento. Un día llegó una señorita de nombre María y con desesperada voz le dice al canoero:

- "Señor, ¿podría usted llevarme a la isla? Tengo urgencia de ir hacia allá porque mi novio se encuentra en grave peligro", a lo que el canoero contestó:

- "Sí te llevaré, pero sólo si te entregas a mí". -La muchacha se alejó rápidamente de ese lugar y fue de inmediato con su madre y le contó lo que le había sucedido, a lo que ésta le contestó:

- "¡Mira hija, tú ya estás grande y ya sabes lo que haces... eso es todo lo que te puedo decir!".

María ante la desesperación por el peligro que corría su novio, accedió a lo que el canoero le pedía, con tal de ser transportada rápido a la isla. Al llegar con el novio María se percató de que afortunadamente todo había sido una falsa información y su novio no se encontraba en ningún peligro. María le platicó al novio lo que había pasado con el canoero a lo que el novio enojado le reclamó por haber actuado así. Fue tan grande el coraje del novio que la hizo que se regresara inmediatamente a su casa.

Juan era un joven que siempre había pretendido a María y, al darse cuenta de lo que le había sucedido, fue de inmediato a visitarla para proponerle matrimonio, a lo que ella con alegría aceptó ser la esposa de Juan.

Ahora, realice con su hijo(s) la siguiente actividad: Pídale(s) que enumere a los personajes (del uno al cinco) e indique quién es el más malo y quién es el más bueno (El número uno indica el mayor grado de maldad), además, que mencionen el porqué es malo cada personaje. A través de esta actividad, podremos ver cómo los hijos reflexionarán sobre las actitudes de los personajes. Esa comparación ayudará al desarrollo del *pensamiento moral autónomo*.

Solamente con un tipo de formación como la que aquí señalamos, el menor podrá desarrollar la comprensión crítica de la realidad en la que vive y del medio social en el que se desenvuelve. Esto se refiere a las herramientas necesarias con las que habrá de contar para entender el mundo en el que vive y desarrollar así la capacidad moral de valorar (Soe, 2009).

2. UN TRATO A LOS HIJOS DE RESPETO A SUS DERECHOS HUMANOS Y ACORDE A SUS PROPIAS NECESIDADES

La educación inicia en el seno familiar, como se ha venido mencionando en páginas anteriores. Es ahí donde se deben tomar las medidas necesarias y evitar que los hijos caigan en conductas violentas. Los padres de familia debemos actuar siempre con mucha paciencia, porque los niños se forman en buenos y malos valores, dependiendo de la manera en que sean orientados y atendidos. Los estudios han demostrado que cuando un niño vive su infancia entre el desorden, la insalubridad, los vicios o la violencia intrafamiliar, es muy probable que, en su vida adulta, vivirá un cúmulo de problemas. Esto también repercute en su relación con los demás, ya que tendrá poco respeto por las reglas o normas que la vida en sociedad le exigirá.

El papel que juega la escuela en la educación básica es muy importante para la formación de los niños y adolescentes. Es necesario tener en consideración que ellos serán los futuros ciudadanos, pero no hay que perder de vista que a los cinco años ingresan al jardín de niños y a los seis o siete a la escuela primaria, es decir, el niño vive ya un proceso de formación que inició en el entorno familiar. Si el menor ha carecido de lo más básico en su familia: ambiente familiar agradable, cariño, atención en su salud, buena alimentación, esparcimiento, etc., sin duda tendrá una deficiente formación de los buenos hábitos, valores, habilidades sociales y, desde luego, conocimientos. Al ingresar a la escuela esto representará irremediablemente un verdadero problema para los profesores, quienes buscarán educarlo en una sana convivencia de respeto, buena relación y armonía con sus compañeros.

Lo que aquí recomendamos pretende ser un verdadero apoyo sobre cómo deben actuar los padres de familia para que los hijos crezcan y se desarrollen en ambientes libres de violencia en el hogar, además, se dan sugerencias y consejos de cómo intervenir para que no se conviertan en acosadores ni en víctimas de la violencia escolar.

Las alternativas de educación familiar que aquí se exponen ya se han puesto en práctica con diversos grupos de padres de familia de varios planteles escolares en educación básica. Los resultados que se obtuvieron han demostrado que el comportamiento de los hijos ha mejorado sustancialmente, tal y como se confirma en las hojas de registro proporcionadas tanto por los maestros de grupo y los propios padres de familia o tutores.

Esta propuesta de orientación para los padres de familia, que está basada en el respeto a los derechos humanos del menor, tiene como objetivo mejorar su comportamiento en el entorno familiar y, por supuesto, prevenir la mala conducta en su escuela, e incluso contribuir o colaborar con los profesores en caso de que se vea involucrado en algún acto de violencia o acoso escolar.

La sugerencia de cómo tratar a los hijos con respeto a sus derechos fundamentales, contempla los siguientes puntos:

a) Educar con el ejemplo

Como dice el dicho "Vale más un buen ejemplo que mil palabras". En los primeros años de vida, los niños tienden a imitar lo que los padres hacen, quiere usar sus zapatos o zapatillas, utilizar sus herramientas y repetir lo que expresan. Al paso del tiempo, buscarán imitar también la forma en que hablan y actúan, así como la manera en que se relacionan con las demás personas. De nada sirve que el padre le diga a su hijo que no sea violento si él mismo a cada paso grita, ofende y agrede, haciendo uso de la violencia verbal; incluso al dar indicaciones a los hijos, se conduce de forma déspota, prepotente y autoritaria al abusar del poder que le confiere el ser padre o madre de familia. Si queremos que el niño tenga en su hogar un ambiente sano, agradable y sin violencia, para el desarrollo íntegro de su personalidad, basta con que observe la tolerancia, la solidaridad y el respeto como forma de ser de sus propios padres. Ese ejemplo de comportamiento de sus progenitores en el hogar, incidirá sin duda en su formación personal y como hijo será, un vivo reflejo de sus padres. Recordemos lo que dice la parábola "Por sus frutos los conoceréis".

Además de que los hijos vean el esfuerzo de sus padres por trabajar para proporcionarles alimento, educación, atención médica; también es importante que observen su esfuerzo adicional al realizar los trabajos al interior del hogar para que todo funcione bien, tales como: labores de limpieza, mejoramiento de la vivienda, realizar huertos familiares, construir una granja para criar animales, plantar árboles y todo aquello que ayude a tener un mejor bienestar. De esa manera los hijos podrán involucrarse y participar poco a poco en las tareas cotidianas, ya que el buen ejemplo lo estarán observando a diario.

b) Lazos de amistad y convivencia familiar

Ser padre de familia no quiere decir que no se pueda tener una relación de amistad con los hijos. Es recomendable organizar paseos en compañía de ellos, visitar centros recreativos y culturales, practicar deportes o juegos de mesa, entre otras actividades de diversión o sano entretenimiento. Es cuestión de planear los tiempos y espacios para realizar estas actividades que nos darán como padres, la oportunidad de conocer sus sentimientos, pensamientos, emociones e ideas y al mismo tiempo que nos lleven a tener una bonita relación de buena convivencia. De esta manera, el padre o la madre conocerán más acerca del comportamiento y actitudes de sus hijos. Para el caso que nos ocupa, sería más fácil darnos cuenta de algún problema que pueda tener en su vida personal o con sus compañeros de escuela y así actuar en forma oportuna antes de que exista un daño físico o emocional.

c) Educación y estilo de crianza no autoritarios

Usar el poder autoritario hacia nuestros hijos con el fin de que cumplan con las tareas del hogar, puede ocasionar enojo o irritación, tanto en el padre como en el hijo. Es mejor hacer una labor de conciencia y convencimiento para evitar caer en violencia verbal o física. Es conveniente actuar en forma pacífica para tener, como ya se ha dicho, un mejor entendimiento con la pareja o los hijos. La violencia psicológica o física hacia los menores, provocará un daño emocional que puede afectarlos a largo plazo, incluso en su vida adulta.

La violencia en la familia afectará la buena convivencia entre los miembros. Al no existir buena comunicación puede ser una de las grandes causas por las cuales la familia viva una mala relación y que los hijos no acepten la orientación y el consejo de los padres. En ocasiones, se puede llegar a tener rivalidad y daño constante de los padres contra los hijos o viceversa. Querer hacer a la fuerza que los hijos obedezcan, sólo porque son hijos, es un gran error que se debe superar. El respeto no se impone, se gana con las acciones nobles. El miedo o el temor de los hijos hacia los padres ocasionará, sin duda, un mayor distanciamiento y una mala comunicación entre ellos.

d) Aconsejar y orientar, antes de prohibir o castigar

Prohibir o castigar siempre tendrá sus consecuencias, una educación de abuso y autoritarismo son formas de violencia que tarde o temprano tendrán sus consecuencias (que pueden resultar desastrosas). Si queremos que nuestros hijos sean tratados bien en la sociedad y en la escuela, debemos iniciar por darles un buen trato sin violencia en el hogar. Es importante pensar que antes de castigar a un hijo, siempre será mejor actuar con paciencia en forma pacífica, porque así entenderá mejor, es decir, orientar y aconsejar tendrá mejores resultados. Los hijos aprenderán y actuarán mejor si los tratamos con cariño y respeto; se enseñarán a ser analíticos, a reflexionar, a desarrollar la capacidad de comprensión, a ser creativos, críticos y autosuficientes. Una formación integral de este tipo es mejor, de lo contrario serán solamente individuos dependientes, sin autonomía moral, sin habilidades, sumisos y obedientes.

Para terminar este punto, diremos que cualquier forma de violencia física, verbal o psicológica que un padre de familia ejerza sobre su hijo, tendrá como consecuencia un daño emocional que en muchas ocasiones dejará huellas y secuelas imborrables para toda la vida, además, será una persona que llevará encono y resentimientos que le ocasionarán problemas para convivir con las personas con las se relacione.

e) Inculcar valores y buenos hábitos

La edad de la infancia es, sin lugar a dudas, la mejor etapa de la vida para educar en valores y buenos hábitos. Entendemos que actuar con un comportamiento formado en valores es cuidarnos a nosotros mismos y proteger a las personas que nos rodean. Se debe inculcar en los hijos a ser solidarios con los más débiles, enseñarlos a cuidar animales, a compartir dulces o juguetes con sus compañeros, brindar ayuda a los ancianos, respetar a los demás, etc. Es muy recomendable que los hijos aprendan algunos gestos de cortesía y humildad al tratar con las personas, tales como: "Gracias", "Pase usted", "Por favor", "Se lo agradezco", etc. Apoyarlos a cumplir con las tareas de la escuela, cumplir con las tareas del hogar, aprender a querer y respetar a la familia como forma de vida. Esta sería la mejor manera de contribuir a su formación humana e intelectual. Aparte de lo anterior, se requiere actuar con tolerancia, paciencia y perseverancia, como algo esencial para una formación integral.

Todo lo anterior es notablemente valioso, sobre todo que, como padres de familia, los debemos motivar constantemente con el propósito de que día a día se preparen, tanto en el conocimiento científico, como en la formación de hábitos y valores.

3 CÓMO ACTUAR ANTE PROBLEMAS FAMILIARES CON UN ENFOQUE BASADO EN LOS VALORES

3.1 Cómo tratar a un hijo con problemas de adicciones

a) ¿Cómo detectar si nuestro hijo es adicto a las drogas?

Algunos indicadores que nos ayudarán a saber si el niño o adolescente posiblemente está haciendo uso de algún estupefaciente, son los siguientes:

- Su forma de hablar es muy diferente, por lo regular muy fuerte y rápida.
- Sus ojos se ven irritados o de color rojizo.
- Presentan un olor en su aliento de la droga que han consumido
- Por lo regular presenta comportamiento violento y es poco tolerante.
- Presentan depresión o hiperactividad.
- Son desordenados con sus objetos personales en el hogar.
- Mienten constantemente acerca de sus acciones.

- Tienen problemas de insomnio.
- En ocasiones pierden peso y adelgazan.
- Ingieren con mucha ansiedad sus alimentos.
- Cambios repentinos en su estado de ánimo.
- Tienen problemas al organizar sus gastos.
- Empiezan a relacionarse con otro tipo de amistades adictos a las drogas.

b) Cómo atender el problema

Una vez que ya se haya detectado que su hijo tiene problemas de adicciones y, de acuerdo al enfoque basado en los valores humanos para una educación familiar integral, es indispensable tomar en cuenta las siguientes sugerencias o recomendaciones:

- <u>Dirigirse siempre con la verdad hacia su hijo sin exageraciones</u>. Expresarle todo el apoyo y buena disposición para que salga del problema en el que se encuentra.
- <u>Demostrar paciencia y confianza</u>. Es indispensable que en todo momento conservemos la calma, porque cualquier manifestación violenta de nuestra parte, puede llegar a romper la comunicación y provocar un distanciamiento en la relación familiar que nos impida brindarle el apoyo necesario.
- <u>No calificarlo de vicioso ni criminalizarlo</u>. Es im-

portante ser cordial y amable al tratarlo, ya que se trata de una víctima o alguien que posee una enfermedad y que debe ser atendido.

- <u>Darle confianza para que exprese las causas que lo llevaron a consumir drogas</u>. Esto para saber básicamente a quién y a dónde recurrir para atenderlo, ya que podría tratarse de un problema emocional, frustración, complejo o algún tipo de discriminación que sufre por parte de alguien. Es importante señalar que debemos saber el tipo de droga que consume y el tiempo que tiene usándola, ya que de eso dependerá el tipo de tratamiento que se le proporcione y el tiempo que durará en rehabilitarse, como sucede con cualquier enfermedad.

- <u>No discutir cuando se encuentre intoxicado</u>. Querer solucionar el problema discutiendo cuando el niño o adolescente se encuentre con el efecto del estupefaciente no es recomendable, ya que para poder brindarle ayuda debe estar en sus cinco sentidos, de lo contrario podemos ocasionar un rotundo y tajante rechazo e incluso propiciar una respuesta violenta que agrave la situación en el entorno familiar.

- <u>Actuar con mucho cuidado al informar a la familia</u>. Se sugiere actuar con mucho cuidado al tratar este problema en la familia a fin de que tengan respeto y consideración para que todos participen en ayudarle a salir de esa situación.

De lo contrario, pueden llegar a discriminarlo, estigmatizarlo e incluso dirigirse a él con burlas o insultos que lo lleven a tomar la decisión de irse de la casa a consecuencia de ese rechazo.

- <u>Convencerlo del posible tratamiento</u>. Algo que por lo regular resulta difícil es convencer al hijo de que necesita ser tratado por un especialista o internado en una clínica de rehabilitación, esto por el temor a que sus amistades o parientes se den cuenta y consecuentemente lo discriminen y rechacen. Aun así, es importante que como padres actuemos con mucha discreción y con mucho respeto a la hora de ser atendido por el especialista.
- <u>Apoyarlo para recuperar su autoestima</u>. Recuperar la autoestima de un adicto es algo primordial, ya que esto le permitirá tener confianza de creer en sí mismo y comprender que no hay nada más importante que su salud. El adicto debe adquirir la conciencia de que las drogas son destructivas y terminarán con su buena salud. Entender también que las buenas amistades terminarán por alejarse de él, además eso le obstaculizará para llegar a tener una buena preparación profesional y convertirse en una persona con éxito en la vida.

Crearle buenas perspectivas de vida al adicto puede llegar a ser la fórmula perfecta que lo lleve a recuperar su confianza y convertirse en un ciudadano que se forme en algún noble oficio o profesión, que le permita vivir dignamente y ser una persona productiva y de bien para la sociedad. Es claro que un niño o adolescente con una elevada y sana autoestima, estará apto para tener un excelente desempeño académico o en cualquier actividad que se proponga realizar.

3.2 Cómo actuar ante la violencia intrafamiliar

a) Posibles causas de la violencia intrafamiliar

- El consumo de alcohol o drogas por parte de algún miembro o miembros de la familia.
- Problemas económicos.
- La mala comunicación entre los miembros de la familia.
- El mal ejemplo de los padres de familia para resolver los problemas familiares.
- La falta de una educación familiar basada en los valores humanos.
- Estilos de crianza autoritarios por parte de los padres de familia.

b) Cómo atender y prevenir la violencia intrafamiliar
- Comportarse sin autoritarismo y sin violencia

Los padres de familia deben actuar con mucho respeto para atender y criar a los hijos. Es muy común que los padres autoritarios sólo busquen que los hijos obedezcan lo que se le ordena al pie de la letra. Por el contrario, un buen padre busca involucrar a los hijos en las buenas acciones en beneficio de la propia familia. Es por eso que lo primero que un padre debe hacer es conocer los problemas y necesidades que los hijos tienen, ya que en muchas ocasiones los niños o adolescentes pueden tener algún malestar físico o emocional que les impida desempeñarse positivamente en las tareas familiares o escolares. Lo importante es que el padre actúe y trate de conducirse con buen estado de ánimo y motivar a los hijos para que participen activamente en la realización de cualquier tarea en beneficio del hogar o de su desempeño escolar.

Si la discusión es menor entre los padres, es necesario solucionarlo mediante el diálogo sin involucrar a los hijos y sin la presencia de ellos. En el caso de que exista abuso o violencia por parte del padre hacia la pareja o hacia los hijos, se debe recurrir ante las instancias correspondientes, a fin de que se apliquen los procedimientos institucionales de acuerdo a como lo amerite el problema. Lo importante es que se proteja a los niños que son los más vulnerables ante la violencia familiar, previo a que las afectaciones psicológicas o físicas causen daños irreversibles para las víctimas.

- Una buena atención basada en la inteligencia emocional.

Es conveniente que el padre de familia actúe con inteligencia emocional ante cualquier situación problemática que se le presente. Puede ser que la pareja o el hijo presenten un episodio de ira y ocasione destrozos o desorden en la familia; ante esto, debemos ser cautelosos, actuando siempre con paciencia. Cualquier acto de sometimiento o de abuso, puede ocasionar que la situación se salga de control: Hacer uso de la fuerza o la violencia será como echarle más leña al fuego. Si la situación no se controla y el nivel de violencia se vuelve más fuerte, es conveniente pedir ayuda a las instancias correspondientes para poder canalizar a los responsables de las acciones.

- Atender las causas que originan la violencia familiar

El buen padre de familia es capaz de detectar el origen del desorden familiar, puede ser que la causa de la violencia sea el estilo de crianza que está utilizando con sus hijos o que algún integrante de la familia, ingrese al hogar en estado de ebriedad o bajo el efecto de alguna droga. En todo caso si la causa es que la violencia se ejerce por parte de algún hijo, debemos actuar haciendo uso del buen consejo, la ayuda y buena orientación. Todo esto con cariño, respeto y muestras de solidaridad, porque es la única manera de intervenir positivamente y resolver asertivamente cualquier problema de violencia que se presente. Como ya lo hemos mencionado, la violencia siempre genera violencia.

Una vez que hemos detectado la causa que dio origen al acto de violencia, se debe actuar haciendo lo que esté de nuestra parte para corregir dicha situación. Puede ser, por ejemplo, que el hijo o la hija estén recibiendo la influencia negativa de algunas amistades o simplemente que los hijos agarren rivalidad por cuestión de sentimientos o incluso por malos entendidos. Como padres de familia tenemos la obligación de actuar democráticamente, escuchando y siendo atentos con los implicados en cualquier conflicto y actuar con justicia e imparcialidad, siempre en busca de la razón y la verdad sin dañar o hacer sentir mal a nadie. Una buena y eficiente estrategia sería actuar con respeto y tolerancia, tratando de darle la razón al que la tiene; al culpable tratar de persuadirlo, orientarlo y aconsejarlo para que entre en razón, de esa manera podrá adquirir conciencia de la situación problemática, a fin de reconocer sus errores y transformar su comportamiento a favor de una mejor convivencia.

- La buena comunicación en la familia

La buena comunicación entre el padre, la madre y los hijos es de vital importancia porque así los padres estarán más al pendiente de los hijos y les permitirá darse cuenta de qué es lo que hacen cuando están fuera de casa, con quién se relacionan o qué lugares frecuentan. Como resultado, los hijos platicarán todas sus experiencias: cómo conviven, qué productos consumen, el tipo de diversión y juegos que practican con sus amistades, etc. Es importante que a los hijos desde pequeños se les oriente acerca de los riesgos que corren al convivir con niños o adolescentes desconocidos, ya que pueden tener algunas conductas negativas y podrían involucrarlos a cometer actividades ilícitas.

3.3 La prevención y atención del embarazo en adolescentes

Las adolescentes, con una buena orientación y buen ejemplo por parte de los padres de familia, podrán asimilar y hacer suyos los valores humanos que les son transmitidos e inculcados en el seno familiar. El gran reto sin duda, es el cómo hacerle para lograr que los hijos acepten lo que se les quiere enseñar o transmitir, a pesar de que en la actualidad por parte de la sociedad se les presentan verdaderos peligros que los acechan a diario: aumento del alcoholismo y drogadicción en los adolescentes, proliferación de la violencia, diversiones poco sanas, entre otras.

a) La prevención de los embarazos en adolescentes

Una orientación en el ámbito familiar basada en los valores humanos puede ser una gran herramienta o recurso indispensable a seguir por parte de los padres de familia, por lo que se enmarcan en este apartado algunos puntos a considerar para evitar el embarazo en las adolescentes:

- **Educación sexual.** Se debe clarificar con los hijos e hijas la gran diferencia entre sexualidad responsable y sexualidad irresponsable, recalcando que la primera se refiere cuando las personas han alcanzado la madurez biológica y psicológica; estando en edad apta para llegar a tener relaciones sexuales, siempre y cuando sean planeadas por la pareja. Se les tiene que explicar a las adolescentes que los embarazos precoces traerán consecuencias para su salud, así como también, pondrán en riesgo su vida y la del bebé.
- **Confianza y buena comunicación con los adolescentes.** Ya nos hemos referido a la construcción de lazos de amistad y confianza con

los hijos, buscando informarlos ampliamente para crear conciencia de las implicaciones que tiene el llevar a cabo una educación sexual responsable, que los haga pensar y reflexionar sobre lo que les conviene hacer respecto a la sexualidad, así como lo que deben evitar para vivir bien y sobrepasar la adolescencia. Posteriormente tener una juventud digna que les permita construir el mejor proyecto de vida personal y profesional, logrando en el futuro una vida plena y feliz.

- **Orientarlos para el noviazgo responsable y la relación de pareja.** Una orientación que les ayude a construir su proyecto de vida en el que se contemple primeramente la preparación profesional, etapa en la que se adentrarán en el conocimiento de la vida, la sociedad y la naturaleza. Además, aprenderán valores e importantes conocimientos de la ciencia y la sociedad para poder elegir de forma más clara, qué es lo que les conviene y lo que deberán hacer en un futuro. Aconsejarles que las relaciones de noviazgo son importantes para poder conocer plenamente a la pareja, por lo que se deberá tener un comportamiento responsable para cumplir con dicho propósito. Desde luego que, con una relación de noviazgo, se habrá de detectar el tipo de valores, gustos, costumbres y actitudes, a fin de saber si existe afinidad con la persona y continuar con la relación o suspenderla definitivamente.

Elegir la pareja para llegar a tener una relación matrimonial y formar una familia, es algo que debe ser bien pensado, ya que de lo contrario se estarían cometiendo errores lamentables en los que saldrían lastimados los hijos (en caso de ser concebidos) y familiares. Llegar a contraer una relación matrimonial con una persona equivocada sin principios ni buenos valores, traería como resultado: violencia familiar, dificultad para educar a los hijos, infelicidad para los miembros de la familia, conflictos, divorcio, etc.

Los adolescentes tendrán conciencia de lo que significa llegar a tener una relación matrimonial una vez que adquieran madurez personal, eso sucederá en el momento que actúen con responsabilidad al tomar con inteligencia las mejores decisiones que los lleve a vivir con bienestar y felicidad.

- **Orientarlos para que elijan buenas amistades.** Son los amigos o amigas de las adolescentes quienes las inducirán a tener relaciones sexuales prematuras a partir de los 11 o 12 años, por lo que es importante que los padres sepan con quién se relacionan, tanto en la escuela como en los lugares que asisten a hacer tareas, deporte o donde ellas conviven. Algunos compañeros o amistades las invitarán a paseos o a diversiones y les mencionarán algunas frases como "No te pasa nada, el sexo es natural", "Todas las jóvenes tenemos sexo", "Diviértete, tienes derecho a gozar". Los padres deben advertirles y orientarlos para que eviten amistades que les puedan hacer daño y que los lleven por un camino que sólo les traerá desilusiones e infelicidades. Es importante entender que tanto los hombres como las mujeres adolescentes necesitan de esta orientación o educación sexual, ya que el tener una sexualidad responsable les corresponde a ambos.

- **Cuidar mucho que las hijas e hijos reciban una educación de calidad.** – es recomendable que los padres busquen calidad en el tipo de atención educativa que recibe la hija adolescente, principalmente en su educación secundaria. Existen centros educativos donde se les imparte una excelente educación en todos los aspectos, pero habrá otros que poco o nada ofrecen al respecto. Es incuestionable que una educación basada en los valores humanos, tanto en la escuela como en la familia, es la mejor fórmula para que los adolescentes lleguen a tener una vida de éxito y felicidad.

Si los hijos e hijas adolescentes reciben una educación básica (primaria y secundaria) de buena calidad, sin duda que egresarán en buenas condiciones académicas para continuar con su educación a nivel medio y superior. De ahí la importancia de poner mucha atención en los hijos para que su nivel de aprovechamiento escolar sea bueno, ya que por lo regular este tipo de alumnos presentan excelentes expectativas para seguir avanzando con éxito en su proyecto profesional. Si las menores adquieren una buena educación, sin duda no se dejarán llevar por la influencia negativa de nadie y sólo pensarán en continuar con sus estudios.

- **Orientación sobre los métodos anticonceptivos.** Es importante que los padres establezcan buenos lazos de comunicación con los hijos para darles la información sobre estos métodos, a fin de evitar los embarazos no deseados. Es común que los padres hablen poco o nada con los adolescentes sobre estos temas debido a los mitos y costumbres que existen en la sociedad respecto a la sexualidad. Romper con estos mitos representa un reto para los padres de familia, sin embargo, es algo que se debe afrontar, ya que está de por medio la vida, la salud y el futuro de su hija adolescente.
- **Capacitación e información de los padres de familia.** Si el padre de familia no cuenta con la información respecto a la educación sexual

que se les debe proporcionar a los hijos o hijas adolescentes, se recomienda buscar orientación o información ante otras instancias, a fin de brindarle el apoyo necesario y poder prevenir que el hijo o la hija tengan relaciones sexuales sin tener la madurez suficiente para poder afrontar las consecuencias.

b) La atención y el apoyo para la madre adolescente

La mayoría de las adolescentes, al darse cuenta de que están embarazadas, llegan a padecer graves conflictos psicológicos al no saber qué hacer ante una situación como esa. La mayoría opta por las siguientes alternativas: Tener al bebé y cuidarlo, tener al bebé y darlo en adopción o interrumpir el embarazo para evitar problemas.

Si las menores llegan a tener embarazos, es porque no han tenido la orientación suficiente por los padres de familia ni por los profesores de la escuela, a menos que sea a causa de una violación. Es muy común que el padre de familia, al darse cuenta de la situación en la que se encuentra su hija, reaccione con enojo y frustración, recurriendo al regaño, al reclamo; incluso al rechazo y desprecio, orillándola en ocasiones a abandonar la casa. No obstante, son pocos los padres que asumen parte de la culpa por no haber actuado oportunamente en prevenir una situación como esa. Es claro que, si a los niños y niñas desde los tres años de edad se les da una orientación basada en el cariño y en los valores humanos en general, es poco probable que al vivir su etapa de la adolescencia se vean involucradas en un problema tan delicado como lo es el embarazo precoz.

Lo más recomendable es que los padres brinden a la madre adolescente todos los cuidados y apoyos necesarios, a fin de evitar un grave problema de salud ante el estado de embarazo de alto riesgo en el que se encuentra. Además, los padres deben cuidar que la criatura nazca en las mejores condiciones. Es necesario que, como padres de la adolescente embarazada, hagamos lo siguiente:

- **Brindarle todo el apoyo moral y material.** Esto con el propósito de que su autoestima no baje y su salud física y psicológica se encuentren en buen estado. Se debe dialogar con ella acerca de su futuro y hacerle ver que no debe sentirse fracasada, sino aprender de la vida para vivir cada día mejor.
- **Orientarla para que se alimente bien.** Esto para que esté en buenas condiciones de salud, tanto ella como la criatura que vendrá al mundo. Comentarle que, si su bebé

no es deseado, vendrá solamente a sufrir por la falta de una buena atención, posteriormente, crecerá y andará por el mundo haciendo daños a los demás por el amor de los padres que le fue negado desde su nacimiento.

- **Apoyarla en su educación.** Es importante que los padres orienten a la adolescente con la idea de crearle perspectivas de una vida mejor, por lo que es necesario animarla a que continúe con sus estudios y de ser posible llegar a tener alguna profesión u oficio que le permita subsistir y vivir dignamente a ella y a su bebé. Se recomienda hacer una buena labor de convencimiento con su hija y apoyarla para que salga adelante con buen éxito. Sobre todo, hacerla portadora de una buena educación sexual responsable y evitarle caer nuevamente en situaciones difíciles como los embarazos no deseados.

3.4 Cómo atender a un hijo que sufre violencia escolar o es violento en la escuela

a) ¿Cómo detectar en el hogar si su hijo es violento en la escuela?
- Mal comportamiento con sus hermanos y en la

familia.
- Desordenado con sus cosas.
- Se expresa mal de sus compañeros de la escuela.
- Problemas con el sueño.
- Bajo rendimiento académico.
- No se preocupa por las tareas de la escuela.
- Hace cosas malas y les echa la culpa a los demás.
- Es envidioso y vengativo.
- Frecuenta a compañeros de mal comportamiento.
- Se enoja o se irrita rápidamente sin causa aparente.
- Se niega a atender tareas del hogar.
- Mala comunicación en la familia y con los profesores.

b) ¿Cómo debemos atender en el hogar a un hijo que es violento en la escuela?
- Construir una relación de comunicación con el hijo.

Con un buen trato hacia los hijos, podemos construir una bonita relación de amistad. Sólo de esa manera los hijos podrán expresar todo lo que les sucede: sobre el trato con sus profesores, con sus compañeros de la escuela, sus problemas de salud, etc. Nótese que en muchas ocasiones los hijos ocultan sus problemas ante el temor a que se les regañe, se les llame la atención o simplemente porque les da vergüenza que los señalen de débiles o seres inferiores. En algunas ocasiones se niegan a comunicar sus problemas por el temor a que se les prohíba hacer algo que les gusta o salir a donde suelen hacerlo.

- Establecer una estrecha comunicación con la autoridad escolar y profesores de su hijo.

Para saber cómo se comporta nuestro hijo en la escuela es necesario que estemos en comunicación con sus profesores, por lo regular acudimos a la escuela sólo cuando se nos cita o a firmar calificaciones. Aquí se requiere estar a cada paso enterados de cómo actúa, con quién se relaciona, si tiene empeño en la clase o si se nota algo extraño. Todo esto y lo que observamos en casa nos ayudarán a detectar los problemas emocionales que lo afectan. Se requiere estar al tanto de su comportamiento para atenderlo y orientarlo oportunamente, antes de que los problemas sigan creciendo. Es importante saber a qué horas llega de su escuela, porque en ese trayecto los hijos son invitados a otros lugares por sus compañeros, que bien pudiera ser a cometer acciones negativas.

- Acompañar al hijo en actividades deportivas, recreativas, paseos etc.

Es importante entender que el niño o adolescente que frecuentemente solo va a hacer deporte, paseos u otros, estará expuesto a que las malas compañías lo involucren a realizar actividades ilícitas, tales como: consumir alcohol, drogas, robar objetos o dañar a personas mediante la violencia en grupos o pandillas.

En una sociedad como la que vivimos en la actualidad en México, donde proliferan estos problemas de violencia y descomposición social, existen muchos lugares que nuestros hijos pueden visitar e involucrarse en diversos problemas, por esa razón debemos acompañarlos a hacer deporte u otras actividades. En todo caso es mejor prevenir que lamentar.

- Observar en forma discreta al hijo en el hogar.

Se debe observar y estar al pendiente de las actitudes del hijo en el hogar, pero de una manera inteligente para que no se sienta acosado o vigilado, de lo contrario podemos ocasionar que se sienta incómodo y que opte por evadir nuestra mirada y esconderse para actuar. Esto puede también ocasionar que empiece a mentir sobre sus actos y a empeorar cada vez más su comportamiento.

- Conocer posibles causas de la conducta violenta: depresión, estrés, conducta bipolar, adicciones, etc.

Los hijos pueden tener secuelas o huellas de acciones que los marcaron psicológica y emocionalmente, incluso lo que se llama estrés postraumático y no nos damos cuenta. Ante el enojo, la irritación o agresividad constante en el hogar, debemos ser prudentes y actuar con paciencia. Si después de algún tiempo de atenderlo y orientarlo debidamente el problema no se resuelve, se debe acudir con un especialista para que se le haga un diagnóstico y darle la atención requerida, de lo contrario podría aumentar el problema y caer en conductas antisociales a causa del descontrol emocional que le ocasionará graves problemas.

- Recuperar su autoestima.

Un niño o adolescente que daña y agrede constantemente a otros compañeros es porque se siente frustrado, fracasado y despreciado por las personas con las que se relaciona, eso provoca que no se valore a sí mismo y reaccione violentamente hacia los demás. Para hacer que el hijo cambie ese mal comportamiento, es primeramente darle confianza y cariño, a partir de ahí, hay que hacer que recupere poco a poco el valor hacia su persona. Debemos hacerle ver que las fortalezas que tiene le ayudarán a sentirse que vale mucho y puede llegar a ser mejor cada día con pensamientos e ideas positivas. El deporte, el gusto por las artes, el amor hacia alguna profesión, pueden ser algunas alternativas motivacionales que los padres pueden seguir, además de brindarle todo el apoyo para que adquiera buena disciplina, responsabilidad y orden en su personalidad. Esto también le ayudará a que construya un proyecto de vida que lo lleve a ser una persona con grandes expectativas profesionales para bien de él, de su familia y la sociedad.

- Jamás perder la paciencia ante una conducta violenta en el hijo(a).

"La violencia engendra violencia". Actuar con la razón e inteligencia, significa no hacer uso de la violencia. Es este un camino lento, pero seguro. Recuperar la confianza del hijo es algo tan valioso que amerita hacer un esfuerzo extraordinario. Si como padres hemos actuado con autoritarismo y existe mala comunicación con el hijo, se puede rectificar con muestras de comprensión y cariño, aunque es una tarea difícil, pero nada imposible.

c) ¿Cómo detectar en el hogar si su hijo sufre de violencia o acoso escolar?

- Se nota cohibido y habla poco.
- Tiene problemas con el sueño.
- Presenta dolor de cabeza o males estomacales a la hora de ir a la escuela.
- Sus objetos están maltratados: mochila, libros, útiles, etc.
- Ropa sucia o maltratada.
- Muestra ansiedad y nerviosismo.
- Se niega asistir a la escuela constantemente.
- Se quiere cambiar de escuela.
- Pierde el interés por estudiar y hacer tareas escolares.
- Muestra rozaduras y moretones, suele decir que se resbaló o se cayó.
- En ocasiones puede llegar a pedir más dinero a sus padres para reponer lo que le quitan sus acosadores.

d) ¿Cómo se debe atender en el hogar a un hijo que sufre de violencia o acoso escolar?
- Comunicación estrecha con su hijo.

Si ya existe buena comunicación con su hijo, esto le ayudará a darse cuenta si sufre hostigamiento en la escuela y además se facilitaría la forma de superar ese problema, pues de inmediato, se tendría que comunicar con el profesor o tutor y tomar todas las medidas que aquí se han recomendado. Como padre de familia debe estar dispuesto a darle el apoyo requerido a su hijo, aconsejarlo y darle ánimo para salir adelante. Es recomendable hacerle sentir a su hijo que él es una persona importante, que no está sólo, que lo apoyarán para que los niños de mal comportamiento cambien de actitud, incluso expresarle que los niños de mal comportamiento tendrán peores consecuencias si siguen por el camino de la violencia escolar.

No debemos engendrarles odio ni rencor a nuestros hijos, porque pueden caer en un estado de resentimiento que los afectaría aún más emocionalmente. Es contraproducente decirle a un hijo "Defiéndete, no te dejes", pues eso provocaría más violencia y se violarían las reglas institucionales. Además, enseñarle que nadie tiene derecho a hacerse justicia por su propia mano, ya sea en la escuela o en la sociedad. Que comprenda, que vivimos en un Estado de Derecho con Normas y Leyes que todos necesitamos cumplir y respetar como personas educadas. Lo más recomendable es que el alumno afectado denuncie la mala conducta ante el maestro de grupo o a la autoridad escolar.

Los menores en ocasiones se sienten avergonzados o culposos al estar viviendo una situación de acoso escolar y se muestran reacios a querer comentar el problema que tienen, por esa razón es muy recomendable entrar en confianza con el hijo para que dé a conocer los problemas que tiene en la escuela.

De igual manera, si observa que su hijo tiene ansiedad o temor de acudir a clases y se le nota nervioso, es porque está afectado emocionalmente, es mejor buscar la atención de algún especialista para prestarle el apoyo psicológico necesario.

- Comunicación constante con su profesor de escuela o el tutor de grupo.

Una vez que se detectó que su hijo sufre de hostigamiento por parte de sus compañeros de escuela, deberá comunicarse inmediatamente con su profesor del grupo y darle a conocer toda la información que tiene sobre el acoso que sufre su hijo, con el fin de que se actúe en la resolución del problema.

Es muy común que los profesores ignoren algunas formas de acoso que suceden en el salón de clases, por ejemplo, la discriminación, las burlas, las amenazas, las bromas pesadas y otras que se hacen mayormente a los niños tímidos, solitarios o tranquilos. El padre de familia, a partir de ahí, deberá estar en alerta, ya que el profesor de grupo está obligado a hacer todo lo que esté a su alcance o canalizar el caso ante el Consejo Disciplinario y la autoridad escolar, como se establece en la Ley General de Educación (en el caso de México).

- Comunicación urgente con la autoridad de la escuela.

Puede suceder que el profesor de grupo no da la importancia necesaria a los actos de hostigamiento entre los alumnos o simplemente cree que no hay necesidad de canalizar el caso al Consejo Disciplinario. En todo caso se requiere acudir a la autoridad de la escuela antes de que el problema avance.

La autoridad de la escuela tiene el compromiso de actuar conforme a las normas institucionales para que todos los alumnos tengan garantizado un espacio seguro y libre de violencia. Es el director(a) el que debe comisionar al personal de la escuela o, en todo caso, al Consejo Disciplinario, si ya estuviera funcionando en la escuela para que se atienda de inmediato el problema.

No es muy recomendable que como padre de un hijo víctima de la violencia escolar, acudamos con el padre del niño agresor, porque puede no haber buen entendimiento y provocar el empeoramiento de la situación. Solamente es recomendable si es a través de la autoridad escolar, pues ahí se podría dialogar con la mediación e intervención de ellos.

En casos extremos donde el centro escolar no haya resuelto el problema, se deberá acudir ante la Comisión Municipal o Estatal de los Derechos Humanos o la Procuraduría para la Atención de Niñas, Niños y Adolescentes, que cuenta con oficinas en todas las entidades de la República Mexicana, como se establece en el artículo 4, fracción XVII de la "Ley General de los Derechos de niñas, niños y adolescentes en México" (H. Congreso de la Unión, 2019).

- Conocer las normas y derechos de las niñas, niños y adolescentes en México.

Las leyes mexicanas son muy claras al referirse al buen trato que tienen derecho los infantes: Una vida escolar y familiar libre de violencia. Los padres de familia debemos conocer el marco jurídico para saber cómo y dónde actuar por la vía legal ante cualquier tipo de violencia que se ejerza contra un hijo, tanto en el contexto familiar, social o escolar. También debemos conocer cómo debe llevarse a cabo la disciplina escolar, basada en el respeto a los derechos humanos por parte de los profesores de grupo y autoridad escolar; además, se requiere tener conocimiento de cómo debe ser el trato pedagógico en la forma de enseñar de los docentes.

3.5 Cómo tratar a un hijo o hija rebelde y de comportamiento violento.

Es muy normal que los hijos sean diferentes en su temperamento y emociones frente a cualquier situación difícil que se les presente. Ya hemos dado sugerencias para llegar a tener control de las emociones. Es normal también que los niños o adolescentes constantemente se irriten o enojen cuando alguien atenta contra sus derechos o necesidades. Hay estrategias que han dado buenos resultados para atender la rebeldía en los hijos y, al mismo tiempo, respetar sus derechos humanos. Se presentan a continuación las siguientes:

- No acceder ni darles todo lo que pidan.

Pensar que proporcionarles todo lo que los hijos te pidan, sobre todo los recursos y materiales, es un grave error. Si actuamos de esa manera, lo más seguro es que en lugar de formar en los buenos valores, estaremos formando individuos en los antivalores que tarde o temprano serán personas vanidosas y soberbias. Se debe sembrar en ellos constantemente el valor de la humildad y la sencillez, pues ello los hará crecer espiritualmente y ser empáticos con las personas que les rodean. Además, es recomendable hacerles ver a cada paso que el sacrificio, la dedicación y el esfuerzo por conseguir lo que queremos y cumplir nuestras metas, son las mejores armas que nos permitirán prepararnos para tener una vida plena de tranquilidad y seguridad.

Es recomendable inculcar a los hijos el gran valor que tiene la educación en la vida, que entiendan que siendo portadores de los conocimientos que da la ciencia, podrán llegar a tener las mejores armas y acceder a una buena preparación profesional que les permita, en un futuro, llegar a servir a la sociedad en cualquier área productiva que se les encomiende. Que comprendan, además, que la buena educación siempre deberá acompañarse de los grandes valores humanos, que son los que hacen crecer verdaderamente a las personas y les dan el gran poder de servir positivamente a la sociedad.

- Crear conciencia sobre los errores y buscar alternativas de solución.

Hacerles reconocer los errores a partir de la reflexión y la conciencia, buscando las causas que dieron origen al problema, es quizá el mejor camino para llegar a tener la solución correcta y salir de la situación problemática, desde luego, hacerles ver a los hijos que todo es para el bien de ellos y que deben salir fortalecidos para seguir adelante. Es conveniente presentarles valiosos argumentos que los convenzan de cambiar esas actitudes negativas y llegar a tener mejores comportamientos, a fin de evitar caer en errores o situaciones lamentables y perjudiciales para ellos. Adoptar una actitud de resiliencia es el mejor camino para superar errores y obstáculos que se nos presenten en la vida.

- Evitar sobreprotegerlos.

Todo el esfuerzo hacia un mejor bienestar de los hijos deberá estar dirigido para educarlos en los valores y adquieran las habilidades que los lleven a poseer un pensamiento autónomo y creativo, a ser positivos y autocríticos frente al cúmulo de peligros que los acechan básicamente en el ámbito escolar o social. Esto quiere decir, que es recomendable acompañarlos en sus actividades fuera de casa en la medida de lo posible, sobre todo hasta los 15 años de edad, pero es recomendable que poco a poco los dejemos valerse por sí mismos, que comprendan que no todo es color de rosa en una sociedad como la actual, donde se viven los índices más altos de inseguridad y violencia social que jamás se habían visto. Hay niños que aprenden muy rápido las orientaciones que aquí se mencionan y demuestran una rápida madurez en su comportamiento y decisiones, eso depende del tiempo y esfuerzo que dediquemos en darles todo el apoyo desde pequeños, es decir, una educación familiar basada en este enfoque de los valores humanos.

Como ya se ha mencionado, la adolescencia es una etapa muy difícil para todos los individuos y es en esa edad donde se requiere de una mayor atención (por los cambios físicos y psicológicos a los que ya nos hemos referido). Es muy común que los hijos a la edad de la adolescencia, acudan a centros de diversión en los que se consume alcohol o estupefacientes, ya que hay padres de familia que, sin tener cuidado, les permiten a los hijos acudir a cualquier lugar solamente porque los hijos (as) insisten que todas sus amistades asistirán. Por lo regular los padres acceden a dichas suplicas sin importar los riesgos que esto representa.

- Orientarlos para el deporte y la diversión sana.

Desde niños deben diferenciar la diversión sana de la nociva. El deporte, por ejemplo, los ayudará a forjar una disciplina mediante la práctica de reglas, mismas que les servirán para entender las normas y leyes que rigen a la sociedad; a su vez, asumirán un comportamiento deseado para llevar una buena convivencia; además de ayudarles a tener una vida saludable y aprender a socializar e interactuar con sus compañeros.

A los niños desde pequeños, es recomendable despertar en ellos el gusto por las artes, la pintura, el cine, la música, la literatura y otras disciplinas. Las grandes ventajas sobre el uso racional de las nuevas tecnologías es que podrán observar programas en los que se difunde la ciencia, los buenos valores, la cultura, programas de entretenimiento sano y otras disciplinas que les ayudarán en su crecimiento personal, profesional e intelectual.

FOMENTAR EN LOS MENORES EL GUSTO POR LA PINTURA PARA EL DESARROLLO DE CAPACIDADES.

Es recomendable alertar y orientar a los niños y adolescentes sobre el uso irracional del internet y de las redes sociales al tener acceso a la violencia, el consumismo, el morbo, el consumo de drogas, pornografía, etc. Actualmente, la inmensa mayoría de los niños y jóvenes tienen preferencia por los videojuegos en los que se exhiben contenidos exagerados de violencia social.

- No compararlos ni etiquetarlos.

No etiquetarlos como malos, tontos o caprichosos, ya que es una mala estrategia que les puede alterar más su comportamiento. Un infante caprichoso y rebelde requiere de una mayor atención y comprensión para poderle ofrecer el apoyo requerido, ya que sólo con un trato cordial y amable podemos atender las crisis emocionales que comunmente suelen tener los niños y adolescentes. También es recomendable no compararlo con alguno de sus hermanos, un familiar o amigo, porque consecuentemente bajaría su autoestima y despertaría algunos sentimientos de inferioridad o pensamientos negativos como: "A él lo quieren más que a mí", "Yo no sirvo para nada", "Soy un tonto", "Mi suerte es de un fracasado", etc.

- Buscar ayuda profesional.

Luego de haber intentado personalmente atender los problemas en el comportamiento del hijo y no haber obtenido los resultados deseados, sino que, por el contrario, los problemas aumentan con actitudes de mayor rebeldía, debemos valorar dicha situación y actuar con mayor cautela para conseguir la atención de un especialista que lo atienda antes de que la situación empeore. Un buen diálogo entre padre e hijo será la mejor fórmula para lograr dicho propósito.

3.6 Cómo fomentar los buenos hábitos alimenticios en los niños

La práctica de los valores humanos conduce a la adquisición de buenos hábitos, no es lo mismo "el respeto por la vida humana" que "ser respetuoso por la vida humana" así es que, los valores son algo externo a la persona, pero cuando pasan a formar parte de ésta de manera permanente, se convierten en hábitos buenos, es decir, serán adoptados como parte del comportamiento.

Analicemos ahora: ¿qué dicen las leyes internacionales y nacionales respecto al derecho de los infantes a una alimentación saludable?

La convención de los derechos del niño:

Articulo 24.- Los niños tienen derecho a la mejor atención de la salud que se les pueda brindar, al agua limpia para beber, a una alimentación sana, un entorno limpio y seguro en el cual puedan vivir. Todos los adultos y los niños deben disponer de información sobre cómo mantenerse seguros y saludables.

La declaración de los derechos del niño:

articulo 4.- El niño debe gozar de los beneficios de la seguridad social. Tendrá derecho a crecer y desarrollarse en buena salud; con este fin deberán proporcionarse, tanto a él como a su madre, cuidados especiales, incluso atención prenatal y postnatal. El niño tendrá derecho a disfrutar de alimentación, vivienda, recreo y servicios médicos adecuados.

En México la **Ley General de los derechos de niñas, niños y adolescentes**, a partir de la reforma de febrero del 2022 se establece que:

Artículo 50. Niñas, niños y adolescentes tienen derecho a disfrutar del más alto nivel posible de salud, así como a recibir la prestación de servicios de atención médica gratuita y de calidad de conformidad con la legislación aplicable, con el fin de prevenir, proteger y restaurar su salud. Las autoridades federales, de las entidades federativas, municipales y de las demarcaciones territoriales de la Ciudad de México, en el ámbito de sus respectivas competencias, en relación con los derechos de niñas, niños y adolescentes, se coordinarán a fin de:

Fracción VIII. Combatir la desnutrición crónica y aguda, sobrepeso y obesidad, así como otros trastornos de conducta alimentaria mediante la promoción de una alimentación equilibrada y la orientación sobre los riesgos de consumir alimentos con bajo valor nutricional y alta densidad energética, el consumo de agua potable, el fomento del ejercicio físico, e impulsar programas de prevención e información sobre estos temas.

Por su parte la Ley General de Educación en México el artículo 75 sobre los alimentos que se ofrezcan en los centros escolares, establece que: Estas disposiciones de carácter general comprenderán las regulaciones que prohíban los alimentos que no favorezcan la salud de los educandos y fomenten aquellos alimentos con mayor valor nutritivo. Las autoridades educativas promoverán ante las autoridades correspondientes, la prohibición de la venta de alimentos con bajo valor nutritivo y alto contenido calórico en las inmediaciones de los planteles escolares.

Para fomentar en la familia los buenos hábitos alimenticios, sugerimos lo siguiente:

- Informar a los hijos sobre las ventajas de una buena alimentación. Una dieta saludable será básicamente la que contenga en forma balanceada, vitaminas, proteínas y minerales. Por el contrario, todo alimento con exceso de calorías, azúcares y grasas, son nocivas para la salud y nos harán portadores de diversas enfermedades, tal y como se menciona en el capítulo dos de este material.

- El padre educará con el ejemplo. Es recomendable que como padres pongamos el ejemplo de lo que significa el tener buenos hábitos en la alimentación. El consumir alimentos chatarra, aparte de desperdiciar el dinero, traerá malos ejemplos para los hijos. Si queremos educar a los hijos, es importante que primero nos eduquemos nosotros mismos.

- Intervenir para que en la escuela donde asiste su hijo se les proporcionen alimentos saludables. Como ya se ha mencionado, los niños tienen derecho: a una buena alimentación saludable, tanto en la familia como en la escuela. Por lo tanto, es un deber que tenemos como padres el hacer que se cumpla con este derecho para la niñez y combatir este tipo de costumbres que prevalecen en los centros educativos y que son violatorias de los derechos de los infantes; así es que lo mejor es hacer las denuncias ante las autoridades competentes en caso de que se detecte la venta de alimentos "chatarra" en las escuelas.

- Erradicar de la dieta familiar los productos ultraprocesados. Como ya se ha dicho, estos alimentos son aquellos elaborados por medio de fórmulas industriales de ingredientes que se someten a métodos físicos, químicos y biológicos para su producción, además, que contienen harina refinada, saborizantes y colorantes artificiales y muchos aditivos químicos más. Algunos ejemplos son: barritas de cereal, bebidas energizantes, bebidas azucaradas, lácteos azucarados, jamón, salchichas, pizzas, etc. Es nuestro deber como padres crear conciencia de esto a los hijos proporcionándoles toda la información al respecto, que sepan de los riesgos que significa para su salud al consumir esos productos que les ocasionarán obesidad, diabetes, problemas renales, cáncer, entre otras.

- Orientar a los hijos para que sean críticos de los medios publicitarios es lo más recomendable, ya que en su mayoría utilizan mensajes con información falsa o verdades a medias para engañar a los consumidores. Mensajes que están diseñados por expertos de la publicidad para captar la atención a través del amarillismo y la magia virtual con el apoyo de las tecnologías, que cuyo objetivo es: tergiversar la información para apresar la mente de los consumidores, a través del colorido y las falsas promesas. Los niños y adolescentes por la escasa información que poseen, se convierten en las presas más vulnerables de estas empresas que terminan por convertirlos en consumidores compulsivos de estos productos "chatarra". Es así como llegan a caer en las garras del consumismo promovido por la "gran empresa" que sin el mínimo respeto a los valores humanos y sin el más mínimo escrúpulo, destruyen la salud de los seres que representan el futuro de la patria; por supuesto, esto no sería posible sin el contubernio que se da entre las empresas y gobiernos insensibles que poco o nada les interesa la salud de la población.
- Implementar la producción orgánica en el hogar.

- ❖ huertos de hortalizas con el uso de fertilizantes orgánicos a través del trabajo colectivo de todos los miembros de la familia.
- ❖ Construir un gallinero para la cría de aves de corral, es también una manera de obtener alimento más saludable con proteína de mejor calidad, usando desde luego, alimento orgánico de la propia región para dichos animales domésticos; es importante también que comprendan que las aves de corral de las granjas industriales son alimentadas con el uso de sustancias químicas para acelerar su crecimiento y masa corporal, pero que son alimentos nocivos para la salud.
- ❖ Plantar árboles frutales de la región en el patio de la casa con el uso de fertilizantes orgánicos, puede ser también una gran idea para el consumo familiar de frutas frescas, ricas en vitaminas para una mejor y saludable dieta.
- ❖ Elaboración de alimentos orgánicos en el hogar: galletas, comidas tradicionales, pan integral, postres caseros, mermeladas integrales de frutas, etc. Todo tipo de alimentos sin conservadores ni aditivos químicos como los

utilizados por la industrialización de productos ultraprocesados.

Este tipo de esfuerzos para producir alimentos orgánicos y naturales en el hogar con mayor calidad alimenticia, traerían, además, beneficios en la economía familiar, rescatar las actividades productivas tradicionales y desde luego; fomentar los buenos valores basados en el esfuerzo, el cuidado de la salud, el trabajo en equipo, el cuidado de la naturaleza y la convivencia familiar.

MUJER DE LA ZON RURAL MEXICANA, ELABORANDO TORTILLAS DE MAIZ ORGANICO.

4. EDUCAR EN LA FAMILIA PARA LA JUSTICIA, LA LIBERTAD Y LA DEMOCRACIA

Una educación familiar, democrática y apegada a la justicia, contempla relaciones libres e igualitarias que reconocen las capacidades de los miembros de la familia y la posibilidad de desarrollarlas. Esto hace referencia a un estilo de crianza, donde los hijos no son sujetos pasivos que esperan órdenes que acatar y cumplir, por el contrario, son personas que deben ser consideradas en sus opiniones y decisiones al participa en las tareas o acciones que se realicen al interior del seno familiar. En este estilo de crianza familiar se busca crear conciencia a partir de la acción colectiva de cada uno de los miembros, buscando el interés común y al mismo tiempo el desarrollo afectivo emocional en cada uno de ellos.

En el caso de los hijos menores de edad, es importante que sean tomados en cuenta a fin de que adquieran poco a poco una madurez personal, sin duda que eso se logrará a través de experiencias positivas transmitidas por los padres. De esa manera cuando sean jóvenes o adultos podrán desempeñarse con eficiencia en los ámbitos familiar, laboral, social, etc., sobre todo con mejores actitudes basadas en los valores humanos.

En una educación familiar democrática, los hijos no son tratados como inferiores, sino que, por el contrario, se les concibe como seres con derechos y obligaciones a los que es necesario orientar para el buen desarrollo de sus capacidades y habilidades. Es indispensable también, proporcionarles toda la ayuda para que en el hogar tengan un ambiente en el que se anteponga la buena convivencia familiar a través del respeto, la libertad, la justicia y la democracia.

Si en la familia los hijos son orientados bajo los principios e ideas democráticas, es muy probable que en su vida de adultos van a ser personas con criterio propio, capaces de decidir, opinar y participar libremente en cualquier trabajo familiar, social o comunitario; sin miedo a que los repriman o que les coaccionen sus derechos civiles o políticos. Serán, además, individuos librepensadores que ejercerán su derecho a participar en cualquier partido político, grupo sindical o asociación religiosa, simple y sencillamente porque vivirán y practicarán libremente sus derechos como ciudadanos responsables.

Cabe aclarar, que los menores que han sido formados en el ejercicio de sus derechos más elementales, en su vida adulta no serán manipulados por ningún cacique sindical o dirigente político, sobre todo de aquellos que se respaldan en el gobierno en turno para abusar del poder; no serán empresarios explotadores, delincuentes de cuello blanco, criminales, ni personas utilizadas por grupos de poder para participar en fraudes electorales (como se da mucho en México y países de América). Los individuos educados en dichos principios, mucho menos serán manipuladores, ni buscarán controlar con acciones ilegales a las personas para obtener beneficios personales.

Una sociedad democrática no solo es aquella en la que sus miembros ejercen el sufragio libre, secreto y universal al participar en la elección de sus representantes populares, sino que, además, se refiere a una forma de vida en la que sus habitantes participan libremente haciendo uso de sus derechos y obligaciones, a fin de construir una sociedad más justa e igualitaria y alcanzar mejores niveles de desarrollo social, político y económico para el bienestar humano.

Una educación democrática basada en auténticos valores humanos contempla básicamente las siguientes implicaciones:

- El respeto a todos los miembros de la familia.

Padres e hijos es recomendable que asuman el compromiso de respetarse mutuamente en las opiniones, los gustos, la forma de ser, ideas, etc. El respeto es recíproco a pesar de que el padre goza de mayor edad, estatura, experiencia y conocimientos. Es necesario entender que ambos tienen un importante papel en la vida familiar y todos merecen respeto. Es importante que el padre de familia tenga la conciencia de que ni la autoridad, ni el respeto deben imponerse a los hijos, sino que se ganarán con un trato humano y civilizado. Como formadores de la familia, los padres tendrán la oportunidad de educar con el buen ejemplo. Los valores humanos deberán fomentarse e inculcarse en cada momento y en cada situación de las vivencias cotidianas.

- Trabajar en colectivo los problemas y necesidades que aquejan a cada uno de los miembros de la familia.

Se buscará solidarizarse a cada momento con algún miembro de la familia que requiera de nuestra ayuda, ya sea moral o material. Si a los niños les permitimos opinar, participar y decidir sobre cosas importantes que suceden en la familia desde pequeños, sin duda que desarrollarán capacidades que les permitirán jugar un papel importante en la vida familiar. Los padres de familia, en lugar de manipular y decidir por los hijos como lo hacen los padres autoritarios, es importante que se dediquen a promover el diálogo abierto y en poco tiempo observarán que los menores no sólo darán buenas opiniones, sino que participarán comprometidamente en bien de la familia y, conforme se les va brindando confianza, desarrollarán grandes capacidades y habilidades como personas adultas.

- Ejercer buena comunicación familiar.

Los padres, comprometidos con el bienestar de la familia, además de predicar con el ejemplo y poner en práctica los valores humanos en la vida cotidiana, es recomendable mantener informados a sus hijos de todo lo que acontece en la familia. Solamente con la buena comunicación los padres se darán cuenta de sucesos importantes relacionados con los problemas que los menores presentan: qué es lo que hace su hijo en la escuela, con quién se relaciona, qué problemas y necesidades tiene en su salud, alimentación, educación, etc. Esto con la intención de apoyarlos ante cualquier necesidad o conflicto, además de poder prevenir los problemas y trabajar colectivamente para que todos se ayuden entre sí. Esta es la mejor manera de fomentar la solidaridad y la ayuda mutua en la familia.

5. LA INTELIGENCIA EMOCIONAL: EDUCAR PARA LA FELICIDAD

a) Cómo atender los conflictos familiares a través de la inteligencia emocional.

Los niños y adolescentes, al regular las emociones, aprenden a identificar el enojo, la felicidad, la tristeza, el miedo, así como otros sentimientos. Diremos, por lo tanto, que la regulación emocional es fundamental para aprender a convivir unos con otros de manera amable, asertiva, amorosa y en paz (Jáuregui, 2017).

Teóricos expertos que han escrito sobre el papel que juegan las emociones en el desarrollo de la personalidad y comportamientos de los infantes, como Howard Gardner, quien en 1983 propuso el modelo denominado *inteligencias múltiples* que incluye ocho tipos de inteligencias a guiar el pensamiento y la acción en los individuos, lo cual se concreta en un amplio número de habilidades y rasgos de personalidad como la empatía, expresión y comprensión de los sentimientos, control de nuestro genio, independencia, capacidad de adaptación, capacidad de resolver problemas de forma personal, persistencia, amabilidad y respeto. Dichas inteligencias son: Lógico-matemática, lingüística, corporal-kinestésica, musical, espacial, naturalista, interpersonal e intrapersonal.

Otro autor estadounidense experto en el tema de la inteligencia emocional, afirma que las personas que controlan sus emociones, tienen una personalidad que les permite ser autónomas, psicológicamente sanas, que tienen una visión positiva de la vida; además, que cuando caen en un estado de ánimo negativo, no les dan vueltas obsesivas a sus problemas y, por consecuencia, rápidamente salen de este estado. (Goleman, 1996).

En versión del escritor (Velasco, 2001), fue Daniel Goleman quien en la década de los noventa, popularizó los aportes de Gardner sobre las inteligencias múltiples, al mencionar las siguientes habilidades de una buena inteligencia emocional:

- Personas críticas de sus propias acciones: las emociones no los controlan, ellos controlan lo que deciden hacer con ciertas emociones y reconocen cuando algo se les salió de lo planeado.
- Personas con autorregulación, es decir, controlan impulsos de la ansiedad y saben regular su estado de ánimo. Aunque están irritadas o de mal humor, tratan de no dañar a terceras personas, que nada tienen que ver con su estado de mal humor o desánimo en que se encuentran.

- Son optimistas, motivadas y perseverantes a pesar de las frustraciones.
- Son empáticos con las demás personas que interactúan.
- Conocen sus sentimientos y no los reprimen.
- Son personas que analizan sus proyectos de forma real y no viven de sueños.
- Son personas que analizan muy bien sus aciertos y son capaces de poder superar sus errores.
- Para prevenir problemas, se relacionan con gente positiva y no pierden el tiempo relacionándose con personas tóxicas.
- Se motivan constantemente y buscan renovar su emoción con nuevas experiencias.

Otro destacado autor español (Muñoz, 2016), señala que la inteligencia emocional es la capacidad de una persona en el manejo de una serie de habilidades y actitudes como son: conciencia de uno mismo; capacidad para identificar, expresar y controlar sus sentimientos; habilidad para controlar sus impulsos y la capacidad de manejar la tensión y la ansiedad.

El mismo autor afirma que es importante que los niños o adolescentes aprendan a identificar sus sentimientos, ya que solamente así van a adquirir conciencia del porqué de ellos. Entre los principales sentimientos que afectan negativamente nuestras vidas podemos mencionar los siguientes:

Tristeza. - es un sentimiento ocasionado por la pérdida de algo o alguien importante o por algún suceso negativo para nuestras vidas. Reconocer este sentimiento puede ayudarnos a superar el problema. La reflexión o interiorización sobre las causas del problema y posibles soluciones, son la base de este reconocimiento.

Ansiedad. - es un sentimiento muy incómodo de manejar a nivel de conducta, es una inquietud y zozobra ante una amenaza más o menos indefinida cuya fuente se encuentra en uno mismo. Se manifiesta como tensión, nerviosismo, irritabilidad, temblor, dolor de cabeza, palpitaciones, etc.

Rabia. - es un sentimiento común en la familia, es cuando rechazamos algo o algo nos hiere y nos afecta. Suele darse en discusiones entre familiares y debido al sentimiento se pierde la capacidad de diálogo y surge la violencia.

Una manera de conseguir que las emociones no lleguen a traducirse en conductas indeseadas es a base del autocontrol emocional (Muñoz, 2016). Esto consiste en reconocer, dirigir y canalizar las reacciones emocionales intensas. El proceso pasa por:

- Tomar conciencia de la emoción que se está sintiendo
- Dar nombre a la emoción.
- Aceptar el sentimiento, liberándolo de valoraciones o juicios prematuros.
- Integrar el sentimiento como parte de uno mismo y aprovechar su energía en la elaboración de una conducta deseada.

Es recomendable que a los niños y adolescentes se les ayude a reconocer las emociones y sentimientos propios y los de otras personas; a que sean conscientes de la manera en que influyen éstas en el comportamiento social y a canalizarlos de forma apropiada sin estallidos o descontroles en el comportamiento (Reyzabal y Sanz, 2014). Esto significa que los infantes necesitan aprender múltiples destrezas, entre ellas, a inhibir sus impulsos, controlar los sentimientos de furia y que comprendan el impacto de su enfado en las personas que los rodean. Esto es muy importante en la educación familiar, sobre todo para que los niños aprendan a reconocerse a sí mismos. Es menester afianzar su personalidad de tal manera que adquieran identidad propia, tan necesaria para el buen desarrollo en la etapa de la juventud y de la vida adulta, etapas en las que deberá interactuar y convivir con las personas que lo rodean y poner en práctica los buenos modales y valores que de niños les fueron inculcados.

Como padres, es necesario entender que una verdadera disciplina en el hogar nada tiene que ver con los castigos o formas de control, sino con la enseñanza y la adquisición de destrezas a base de amor, respeto y conexión emocional (Sieguel y Payne, 2018).

Un padre de familia debe tener muy en cuenta que educar en los valores y buenos hábitos significa controlar con inteligencia sus emociones, puesto que algunas de éstas (coraje, estrés, ansiedad) es necesario afrontarse con paciencia y tolerancia. Es indispensable que el padre tenga autocontrol emocional para educar emocionalmente a los hijos, es decir, evitar en lo posible caer en actos de violencia y desesperación al orientar a los hijos o al realizar junto con ellos una labor en el hogar. La falta de control emocional por parte de los padres puede llegar a crear un clima ríspido y de violencia que podría ocasionar distanciamiento, rechazo o falta de confianza en los hijos para adquirir el sentido de colaboración.

Como ya lo hemos mencionado, educar en valores significa no hacer uso de la violencia ni del autoritarismo; por el contrario, necesitamos como padres de familia, ser motivadores, facilitadores y comportarnos con buen humor para lograr contagiar a nuestros hijos de esa voluntad de trabajar y colaborar en beneficio de la familia.

Una buena palabra o una frase de aliento, puede ser la chispa que motive a los niños o adolescentes a tener el buen humor que los induzca a colaborar productivamente, en lugar de obligarlos o amenazarlos para que cumplan con sus actividades. Convencerlos para que realicen sus tareas escolares (o cualquier otra) es la mejor forma de ayudarles a que adquieran conciencia sobre lo que hacen. Los menores, por lo tanto, le deben encontrar sentido a su trabajo y comprender que eso los llevará a ser más productivos, vivir felices y ser personas de éxito en la vida.

Como padres es necesario asimilar que crear un buen ambiente de cordialidad y afecto son necesidades básicas para tener una familia feliz. Ser feliz en la familia significa un estado de grata satisfacción, crecer emocionalmente y alcanzar las metas que nos forjamos como seres humanos: Vivir en unidad familiar y salir adelante en todo lo que nos proponemos.

Un padre feliz tendrá sin duda hijos felices capaces de amar y gratificarse con lo que la vida les ofrece, de trabajar en forma creativa en la medida de sus aptitudes, con capacidades para convertirse en personas responsables. Todo esto se puede lograr en los primeros años de vida de los niños, con la buena calidad de convivencia en donde la práctica de los valores humanos se viva constantemente como parte de la propia vida (González, 2012).

Es necesario reconocer que una persona estresada, que vive por lo regular de mal humor en la familia, puede, con esa influencia negativa, llegar a enrarecer el ambiente y contaminarlo, al grado de que los demás miembros terminen en graves contradicciones o con episodios de violencia que les impida realizar alguna actividad que se propongan realizar. O sea, se rompe con la unidad provocando el desorden y la incomodidad de todos los integrantes. Como padres necesitamos prevenir este tipo de situaciones y estar alertas para sanear la problemática a través del diálogo y el entendimiento de cualquier conflicto que suceda en la familia. Ante todo, se sugiere actuar con inteligencia, tratando de conocer las causas que han dado origen al conflicto, porque de ahí depende en gran medida encontrar la mejor alternativa de solución.

Los adolescentes requieren en esa etapa de la vida un ambiente que los proteja y les muestre el camino, y esto sólo se logra cuando los padres actúan con respeto y saben dialogar en colectivo las reglas de disciplina que incidan en su formación personal, integral y humana, en lugar de someterlo para hacer de él un ser sumiso y obediente (González, 2012).

Los menores viven una etapa de su vida en la que van experimentando lo que viven en su entorno, lo que sienten y piensan respecto al mundo que les rodea. Por esta razón los padres requieren aceptar sus estados de ánimo y orientarlos para que tengan una vida plena y feliz (Perry, 2020).

b) El juego y el deporte para la salud y felicidad.

Se ha documentado teóricamente a través de diversas investigaciones sobre la importancia que tiene el juego en la etapa de la infancia. En esa edad, el juego es considerado una actividad vital e indispensable para el desarrollo humano, ya que contribuye de forma relevante al desarrollo psicomotor, intelectual, social y afectivo-emocional (Garaigordobil, 2003; Piaget, 1945/1979; Vigotski, 1933/1982; Wallon, 1941/1980) citado por (Edo, Blanch y Anton, 2016). Prohibir a un niño o adolescente jugar, practicar algún deporte o realizar una actividad de relajamiento, es atentar contra su propia naturaleza y afectar directamente el buen desarrollo de su personalidad. Es necesario recalcar que el derecho a la recreación *es un derecho fun-*

damental para la protección de la infancia, lo cual está establecido en las leyes internacionales. Dichos acuerdos, leyes y convenios, han sido avalados por organismos internacionales que están representados por la inmensa mayoría de los países, como ya se ha mencionado.

El juego y el deporte son decisivos para tener una niñez feliz y un desarrollo sano en su personalidad e intelecto. Estos son los principales beneficios de los niños que practican las actividades lúdicas:

- El juego es un instrumento que desarrolla las capacidades del pensamiento.
- Es una fuente de aprendizaje que crea zonas de desarrollo potencial.
- Es un estímulo para la atención y la memoria.
- Fomenta el descentramiento cognitivo.
- Origina y desarrolla la imaginación y la creatividad
- Estimula la discriminación fantasía-realidad.
- Potencia el desarrollo del lenguaje.
- Estimula el pensamiento motor.
- Una vía de desarrollo del pensamiento abstracto.

EL JUEGO, DIVERSION Y ENTRETENIMIENTO SANO. DESARROLLO DE CAPACIDADES CON APOYO DE LOS PADRES.

Desde el punto de vista de la sociabilidad, el juego es un importante instrumento de comunicación y socialización. Es, además, uno de los caminos por los cuales los niños y las niñas se incorporan orgánicamente a la sociedad a la que pertenecen.

Desde el punto de vista del desarrollo afectivo-emocional, el juego es un instrumento de expresión y control emocional. Diversos estudios que han analizado las conexiones entre juego y desarrollo afectivo-emocional concluyen que el juego promueve el desarrollo de la personalidad, el equilibrio afectivo y la salud mental (Edo et al., 2016).

El deporte ciencia: Ajedrez

Este juego es muy importante que los niños lo practiquen desde los tres o cuatro años, ya que es un gran recurso para que desarrollen habilidades de la inteligencia como la imaginación, la creatividad, la memoria, el razonamiento, la resolución de problemas, la concentración y muchas más; además de enseñarlos a socializar, aprender reglas, planificar y organizar acciones.

6. REFLEXIONES MOTIVACIONALES PARA CREAR EXPECTATIVAS HUMANAS, PROFESIONALES E INTELECTUALES.

Las reflexiones motivacionales impresas o en videos son magníficos recursos didácticos para despertar el interés de niños, jóvenes y adultos: sobre todo para aquellos que no tienen definido su proyecto de vida o que, por diversas situaciones, presentan una baja autoestima o algún otro prejuicio de inferioridad. Se mencionan a continuación algunos ejemplos:

➤ **LA MEJOR MAMÁ**

Un día Tomás Alba Edison llegó a su casa y le dio a su mamá una **nota**. Él le dijo a ella. "mi maestro me dio esta nota y me dijo que solo se la diera a mi madre." Los ojos de su madre estaban llenos de lágrimas cuando ella leyó en voz alta la carta que le trajo su hijo. "su hijo es un genio, esta escuela es muy pequeña para él y no tenemos buenos maestros para enseñarlo, por favor enséñelo usted" muchos años después la medre de Édison falleció, él fue uno de los más grandes inventores del siglo. Un día él estaba mirando algunas cosas viejas de la familia y repentinamente vio un papel doblado en el marco de un dibujo en el escritorio. Él lo tomó y lo abrió. En el papel estaba escrito: "Su hijo está mentalmente enfermo y no podemos permitirle que venga más a la escuela." Edison lloró por horas, entonces él escribió en su diario: "Tomás Alva Edison fue un niño mentalmente enfermo, pero por una madre heroica se convirtió en el genio del siglo." (Daniel Carreón, portal de You Tube, 2016).

➤ **CONSEJO DEL AGUILA**

Alberto era un hombre joven cuyo hijo había nacido recientemente y era la primera vez que sentía la experiencia de ser papá.

> Un buen día le dieron ganas de entrar en contacto con la naturaleza, pues a partir del nacimiento de su bebé todo lo veía hermoso y aun el ruido de una hoja al caer le sonaba las lindas notas musicales.

Así fue que decidió ir a un bosque; quería oír el canto de los pájaros y disfrutar toda la belleza.

Caminaba plácidamente respirando la humedad que hay en estos lugares, cuando de repente vio posada en una rama a un águila que lo sorprendió por la belleza de su plumaje.

> El águila también había tenido la alegría de recibir a sus polluelos y tenía como objetivo llegar hasta el río más

cercano, capturar un pez y llevarlo a su nido como alimento; pues significaba una responsabilidad muy grande criar y formar a sus aguiluchos para enfrentar los retos que la vida ofrece.

El águila al notar la presencia de Alberto lo miró fijamente y le preguntó: "¿A dónde te diriges buen hombre? Veo en tus ojos la alegría" por lo que Alberto le contestó: "es que ha nacido mi hijo y he venido al bosque a disfrutar, pero la verdad me siento un poco confundido".

El águila insistió: "Oye, ¿y qué piensas hacer con tu hijo?"

Alberto le contestó: "Ah, pues ahora y desde ahora, siempre lo voy a proteger, le daré de comer y jamás permitiré que pase frío. Yo me encargaré de que tenga todo lo que necesite, y día con día yo seré quien lo cubra de las inclemencias del tiempo; lo defenderé de los enemigos que pueda tener y nunca dejaré que pase situaciones difíciles".

"Es mi hijo, lo amo. No permitiré que mi hijo pase necesidades como yo las pasé, nunca dejaré que eso suceda, porque para eso estoy aquí, para que él nunca se esfuerce por nada".
Y para finalizar agregó: "Yo como su padre, seré fuerte como un oso, y con la potencia de mis brazos lo rodearé, lo abrazaré y nunca dejaré que nada ni nadie lo perturbe".
El águila no salía de su asombro, atónita lo escuchaba y no daba crédito a lo que había oído. Entonces, respirando muy hondo y sacudiendo su enorme plumaje, lo miró fijamente y dijo:

"Escúchame bien buen hombre. Cuando recibí el mandato de la naturaleza para empollar mis hijos, también recibí el mandato de construir mi nido, un nido confortable, seguro, a buen resguardo de los depredadores, pero también le he puesto ramas con muchas espinas ¿y sabes por qué? porque aun cuando estas espinas están cubiertas por plumas, algún día, cuando mis polluelos hayan emplumado y sean fuertes para volar, haré desaparecer todo este confort, y ellos ya no podrán habitar sobre las espinas, eso les obligará a construir su propio nido".

"Todo el valle será para ellos, siempre y cuando realicen su propio esfuerzo para conquistarlo con todo, sus montañas, sus ríos llenos de peces y praderas llenas de conejos"

"Si yo los abrazara como un oso, reprimiría sus aspiraciones y deseos de ser ellos mismos, destruiría irremisiblemente su individualidad y haría de ellos individuos indolentes, sin ánimo de luchar, ni alegría de vivir".

"Tarde que temprano lloraría mi error, pues ver a mis aguiluchos convertidos en ridículos representantes de su especie me llenaría de remordimiento y gran vergüenza, pues tendría que cosechar la impertinencia de mis actos, viendo a mi descendencia imposibilitada para tener sus propios triunfos, fracasos y errores, porque yo quise resolver todos sus problemas".

"Yo, amigo mío", continuó el águila, "podría jurarte que después de Dios he de amar a mis hijos por sobre todas las cosas, pero también he de prometer que nunca seré su cómplice en la superficialidad de su inmadurez, he de entender su juventud, pero no participaré de sus excesos, me he de esmerar en conocer sus cualidades, pero también sus defectos y nunca permitiré que abusen de mí en aras de este amor que les profeso".

El águila calló y Alberto no supo qué decir, pues seguía confundido, y mientras entraba en una profunda reflexión, ésta, con gran majestuosidad levantó el vuelo y se perdió en el horizonte.

Alberto empezó a caminar mientras miraba fijamente el follaje seco disperso en el suelo, sólo pensaba en lo equivocado que estaba y el terrible error que iba a cometer al darle a su hijo el abrazo del oso.

Reconfortado, siguió caminando, solo pensaba en llegar a casa, con amor abrazar a su bebé, pensando que abrazarlo solo sería por segundos, ya que el pequeño empezaba a tener la necesidad de su propia libertad para mover piernas y brazos, sin que ningún oso protector se lo impidiera.

A partir de ese día, Alberto empezó a prepararse para ser el mejor de los padres.

7. CUENTOS Y FÁBULAS PARA LA EDUCACIÓN FAMILIAR BASADA EN VALORES.

Los cuentos, las fábulas y las historietas con mensajes positivos, son recursos de los que podemos echar mano para educar a nuestros hijos en los buenos valores y enseñarlos a ser solidarios con los demás. No es cosa de un rato, sino una labor diaria la que se requiere para fomentar el gusto en este tipo de materiales.

Hemos mencionado que la niñez es la mejor etapa de la vida en la que podemos transmitir valores a nuestros hijos, es justo en esta etapa donde debemos dedicarles el tiempo necesario para contarles leyendas, cuentos o fábulas en las que se muestren las vivencias de los personajes. Desde los tres años de edad en adelante les gusta escuchar anécdotas. Las anécdotas, que además de ser divertidas, les aportan valores y ayudan al buen desarrollo de sus emociones, despiertan algunas capacidades como la creatividad, la comprensión, la imaginación y el aporte de variados conocimientos sobre la vida, la naturaleza y el universo.

Los cuentos infantiles son básicamente las mejores herramientas didácticas para que aprendan los niños a distinguir el bien del mal, lo bueno y lo malo de las cosas, lo positivo y negativo de cada situación problemática, entre otras más. Este recurso es una excelente manera para entablar lazos de buena comunicación con los hijos y mejorar las habilidades en la lectoescritura; los hace sentirse felices al pasar un rato agradable, les ayuda a combatir los temores, fomenta el gusto por la lectura, así como a saber escuchar y poner atención. Existe gran variedad de libros que contienen cuentos y fabulas con excelentes ilustraciones llamativas que pueden ser muy apreciadas por los niños.

Bailes y canciones

Los bailes son grandes recursos que se les puede enseñar a los niños, además de proporcionarles un rato de diversión. Éstos les transmiten tradiciones y cultura de los pueblos tan solo escuchándolos en repetidas ocasiones. Se les puede acompañar con el canto hasta que por sí solos lleguen a entonar las melodías.

Las canciones de baile pueden llegar a ser también buenos recursos para que los menores se diviertan, aprendan y desarrollen algunas habilidades motrices e intelectuales. Los videos pueden ser también muy útiles siempre y cuando les seleccionemos aquellos que les aporten buenos conocimientos y sobre todo valores humanos.

Ahora, analicemos algunos cuentos muy recomendados para padres de familia en los que se enmarcan valores importantes para que los niños se diviertan, motiven y aprendan al mismo tiempo. Cuentos de Rodríguez (2018):

LOS CUATRO AMIGOS

DE RESPETO, SOLIDARIDAD, AMISTAD

Había una vez cuatro animales que eran muy amigos. No pertenecían a la misma especie, por lo que formaban un grupo muy peculiar. Desde que amanecía, iban juntos a todas partes y se lo pasaban genial jugando o manteniendo interesantes conversaciones sobre la vida en el bosque. Eran muy distintos entre sí, pero eso no resultaba un problema para ellos.

Uno era un simpático ratón que destacaba por sus ingeniosas ocurrencias. Otro, un cuervo un poco serio pero muy generoso y de buen corazón. El más elegante y guapo era un ciervo de color tostado al que le gustaba correr a toda velocidad. Para compensar, la cuarta de la pandilla era una tortuguita muy coqueta que se tomaba la vida con mucha tranquilidad.

Como veis, no podían ser más diferentes unos de otros, y eso, en el fondo, era genial, porque cada uno aportaba sus conocimientos al grupo para ayudarse si era necesario.

En cierta ocasión, la pequeña tortuga se despistó y cayó en la trampa de un cazador. Sus patitas se quedaron enganchadas en una red de la que no podía escapar. Empezó a gritar y sus tres amigos, que estaban descansando junto al río, la escucharon. El ciervo, que era el que tenía el oído más fino, se alarmó y les dijo:

– ¡Chicos, es nuestra querida amiga la tortuga! Ha tenido que pasarle algo grave porque su voz suena desesperada. ¡Vamos en su ayuda!

Salieron corriendo a buscarla y la encontraron enredada en la malla. El ratón la tranquilizó:

– ¡No te preocupes, guapa! ¡Te liberaremos en un periquete!

Pero justo en ese momento, apareció entre los árboles el cazador. El cuervo les apremió:

– ¡Ya está aquí el cazador! ¡Démonos prisa!

El ratón puso orden en ese momento de desconcierto.

– ¡Tranquilos, amigos, tengo un plan! Escuchad...

El roedor les contó lo que había pensado y el cuervo y el ciervo estuvieron de acuerdo. Los tres rescatadores respiraron muy hondo y se lanzaron al rescate de urgencia, en plan "uno para todos, todos para uno", como si fueran los famosos mosqueteros.

¡El cazador estaba a punto de coger a la tortuga! Corriendo, el ciervo se acercó a él y cuando estuvo a unos metros, fingió un desmayo, dejándose caer de golpe en el suelo. Al oír el ruido, el hombre giró la cabeza y se frotó las manos:

– ¡Qué suerte la mía! ¡Esa sí que es una buena presa!

Lógicamente, en cuanto vio al ciervo, se olvidó de la tortuguita. Cogió el arma, preparó unas cuerdas, y se acercó deprisa hasta donde el animal yacía tumbado como si estuviera muerto. Se agachó sobre él y, de repente, el cuervo saltó sobre su cabeza. De nada le sirvió el sombrero que llevaba puesto, porque el pájaro se lo arrancó y empezó a tirarle de los pelos y a picotearle con fuerza las orejas. El cazador empezó a gritar y a dar manotazos al aire para librarse del feroz ataque aéreo.

Mientras tanto, el ratón había conseguido llegar hasta la trampa. Con sus potentes dientes delanteros, royó la red hasta hacerla polvillo y liberó a la delicada tortuga.

El ciervo seguía tirado en el suelo con un ojito medio abierto, y cuando vio que el ratón le hacía una señal de victoria, se levantó de un salto, dio un silbido y echó a correr. El cuervo, que seguía atareado incordiando al cazador, también captó el aviso y salió volando hasta perderse entre los árboles.

El cazador cayó de rodillas y reparó en que el ciervo y el cuervo se habían esfumado en un abrir y cerrar de ojos. Enfadadísimo, regresó a donde estaba la trampa.

– ¡Maldita sea! ¡Ese estúpido pajarraco me ha dejado la cabeza como un colador y por si fuera poco, el ciervo se ha escapado! ¡Menos mal que al menos he atrapado una tortuga! Iré a por ella y me largaré de aquí cuanto antes.

¡Pero qué equivocado estaba! Cuando llegó al lugar de la trampa, no había ni tortuga ni nada que se le pareciera. Enojado consigo mismo, dio una patada a una piedra y gritó:

– ¡Esto me pasa por ser codicioso! Debí conformarme con la presa que tenía segura, pero no supe contenerme y la desprecié por ir a cazar otra más grande. ¡Ay, qué tonto he sido!...

El cazador ya no pudo hacer nada más que coger su arma y regresar por donde había venido. Por allí ya no quedaba ningún animal y mucho menos los cuatro protagonistas de esta historia, que a salvo en un lugar seguro, se abrazaban como los cuatro buenísimos amigos que eran.

EL ANCIANO Y EL DINERO.

RESPONSABILIDAD

Érase una vez un hombre muy sabio que, al llegar a la vejez, acumulaba más riquezas de las que te puedas imaginar. Había trabajado mucho, muchísimo durante toda su vida, pero el esfuerzo había merecido la pena porque ahora llevaba una existencia placentera y feliz.

El anciano era consciente de sus orígenes humildes y jamás se avergonzaba de ellos. De vez en cuando, se sentaba en un mullido sillón de piel, cerraba los ojos, y recordaba emocionado los tiempos en que era un joven obrero que trabajaba de sol a sol para escapar de la pobreza y cambiar su destino ¡Quién le iba a decir por aquel entonces que se convertiría en un respetado hombre de negocios y que viviría rodeado de lujos!

Ahora tenía setenta años, estaba jubilado y su única ambición era descansar y disfrutar de todo lo que había conseguido a base de tesón y esfuerzo. Ya no madrugaba para salir corriendo a trabajar ni se pasaba las horas tomando decisiones importantes, sino que se levantaba tarde, leía un buen rato y daba largos paseos por los jardines de su estupenda y confortable mansión.

Las puertas de su hogar siempre estaban abiertas para todo el mundo. Todas las semanas, invitaba a unos cuantos amigos y eso le hacía muy feliz. Como hombre generoso que era, les ofrecía los mejores vinos de su bodega y unos banquetes que ni en la casa de un rey eran tan exquisitos.

¡Pero eso no es todo! Al finalizar los postres, les agasajaba con regalos que le habían costado una fortuna: pañuelos de la más delicada seda, cajas de plata con incrustaciones de esmeraldas, exóticos jarrones de porcelana traídos de la China... El hombre disfrutaba compartiendo su riqueza con los demás y nunca escatimaba en gastos.

Pero sucedió que un día su mejor amigo decidió reunirse con él a solas para decirle claramente lo que pensaba. Mientras tomaban una taza de té, le confesó:

– Sabes que siempre has sido mi mejor amigo y quiero comentarte algo que considero importante. Espero que no te moleste mi atrevimiento.

El anciano, le respondió:

– Tú también eres el mejor amigo que he tenido en mi vida. Dime lo que te parezca, te escucho.

Su amigo le miró a los ojos.

– Yo te quiero mucho y agradezco todos esos regalos que nos haces a todos cada vez que venimos, pero últimamente estoy muy preocupado por ti.

El anciano se sorprendió.

– ¿Preocupado? ¿Preocupado por mí? ¿A qué te refieres?

CAPITULO III. QUÉ ACCIONES DESARROLLAR PARA EDUCAR A LA FAMILIA EN LOS VALORES HUMANOS

– Verás... Llevo años viendo cómo derrochas dinero sin medida y creo que te estás equivocando. Sé que eres millonario y muy generoso, pero la riqueza se acaba. Recuerda que tienes tres hijos, y que si te gastas todo en banquetes y regalos, a ellos no les quedará nada.

El viejo, que sabía mucho de la vida, le dedicó una sonrisa y pausadamente le dijo:

– Querido amigo, gracias por preocuparte, pero voy a confesarte una cosa: en realidad, lo hago por hacer un favor a mis hijos.

El amigo se quedó de piedra ¡No entendía qué quería decir con eso!

– ¿Un favor? ¿A tus hijos?...

– Sí, amigo, un favor. Desde que nacieron, mis tres hijos han recibido la mejor educación posible. Mientras estuvieron a mi cargo, les ayudé a formarse como personas, estudiaron en las escuelas más prestigiosas del país y les inculqué el valor del trabajo. Creo que les di todo lo que necesitan para salir adelante y labrarse su propio futuro, ahora que son adultos.

El anciano dio un sorbo al té todavía humeante, y continuó:

– Si yo les dejara en herencia toda mi riqueza, ya no se esforzarían ni tendrían ilusión por trabajar. Estoy convencido de que la malgastarían en caprichos ¡y yo no quiero eso! Mi deseo es que consigan las cosas por sí mismos y valoren lo mucho que cuesta ganar el dinero. No, no quiero que se conviertan en unos vagos y destrocen sus vidas.

El amigo meditó sobre esta explicación y entendió que el anciano había tomado una decisión muy sensata.

– Sabias palabras... Ahora lo entiendo. Algún día, tus hijos te lo agradecerán.

El anciano le guiñó un ojo y dio un último sorbo al té. Después de esa conversación, su vida siguió siendo la misma, nada cambió. Continuó gastándose el dinero a manos llenas pero, tal y como había asegurado aquella tarde, sus hijos no heredaron ni una sola moneda.

Moraleja: Esfuérzate cada día por aprender y trabaja con empeño e ilusión por cumplir tus sueños. Una de las mayores satisfacciones de la vida es conseguir las cosas por uno mismo y disfrutar la recompensa del trabajo bien hecho.

LAS DOS VASIJAS SOLIDARIDAD

Había una vez un aguador que vivía en la India. Su trabajo consistía en recoger agua para después venderla y ganar unas monedas. No tenía burro de carga, así que la única manera que tenía para transportarla era en dos vasijas colocadas una a cada extremo de un largo palo que colocaba sobre sus hombros.

El hombre caminaba largos trayectos cargando las vasijas, primero llenas y vacías a la vuelta. Una de ellas era muy antigua y tenía varias grietas por las que se escapaba el agua. En cambio la otra estaba en perfecto estado y guardaba bien el agua, que llegaba intacta e incluso muy fresca a su destino.

La vasija que no tenía grietas se sentía maravillosamente. Había sido fabricada para realizar la función de transportar agua y cumplía su cometido sin problemas.

– ¡El aguador tiene que estar muy orgulloso de mí! – presumía ante su compañera.

En cambio, la vasija agrietada se sentía fatal. Se veía a sí misma defectuosa y torpe porque iba derramando lo que había en su interior. Un día, cuando tocaba regresar a casa, le dijo al hombre unas sinceras palabras.

– Lo siento muchísimo... Es vergonzoso para mí no poder cumplir mi obligación como es debido. Con cada movimiento se escapa el líquido que llevo dentro porque soy imperfecta. Cuando – llegamos al mercado, la mitad de mi agua ha desaparecido por el camino.

El aguador, que era bueno y sensible, miró con cariño a la apenada vasija y le habló serenamente.

– ¿Te has fijado en las flores que hay por la senda que recorremos cada día?

– No, señor... Lo cierto es que no.

– Pues ahora las verás ¡Son increíblemente hermosas!

Emprendieron la vuelta al hogar y la vasija, bajando la mirada, vio cómo los pétalos de cientos de flores de todos los colores se abrían a su paso.

– ¡Ahí las tienes! Son una preciosidad ¿verdad? Quiero que sepas que esas hermosas flores están ahí gracias a ti.

– ¿A mí, señor?...

La vasija le miró con incredulidad. No entendía nada y sólo sentía pena por su dueño y por ella misma.

– Sí... ¡Fíjate bien! Las flores sólo están a tu lado del camino. Siempre he sabido que no eras perfecta y que el agua se escurría por tus grietas, así que planté semillas por debajo de donde tú pasabas cada día para que las fueras regando durante el trayecto. Aunque no te hayas dado cuenta, todo este tiempo has hecho un trabajo maravilloso y has conseguido crear mucha belleza a tu alrededor.

La vasija se sintió muy bien contemplando lo florido y lleno de color que estaba todo bajo sus pies ¡Y lo había conseguido ella solita!

Comprendió lo que el aguador quería transmitirle: todos en esta vida tenemos capacidades para hacer cosas maravillosas, aunque no seamos perfectos. En realidad, nadie lo es. Hay que pensar que, incluso de nuestros defectos, podemos sacar cosas buenas para nosotros mismos y para el bien de los demás.

LA RATITA PRESUMIDA

LA GRATITUD, SINCERIDAD

Érase una vez una linda ratita llamada Florinda que vivía en la ciudad. Como era muy hacendosa y trabajadora, su casa siempre estaba limpia y ordenada. Cada mañana la decoraba con flores frescas que desprendían un delicioso perfume y siempre reservaba una margarita para su pelo, pues era una ratita muy coqueta.

Un día estaba barriendo la entrada y se encontró una reluciente moneda de oro.

– ¡Oh, qué suerte la mía! – exclamó la ratita.

Como era muy presumida y le gustaba ir siempre a la moda, se puso a pensar en qué bonito complemento podría invertir ese dinero.

– Uhmmm... ¡Ya sé qué haré! Iré a la tienda de la esquina y compraré un precioso lazo para mi larga colita.

Metió la moneda de oro en su bolso de tela, se puso los zapatos de tacón y se fue derechita a la mercería. Eligió una cinta roja de seda que realzaba su bonita figura y su estilizada cola.

– ¡Estoy guapísima! – dijo mirándose al espejo –. Me sienta realmente bien.

Regresó a su casita y se sentó en el jardín que daba a la calle principal para que todo el mundo la mirara. Al cabo de un rato, pasó por allí un pato muy altanero.

– Hola, Florinda. Hoy estás más guapa que nunca. ¿Quieres casarte conmigo?

– ¿Y por las noches qué harás?

– ¡Cuá, cuá, cuá! ¡Cuá, cuá, cuá!

– ¡Uy no, qué horror! – se espantó la ratita –. Con esos graznidos yo no podría dormir.

Poco después, se acercó un sonrosado cerdo con cara de bonachón.

– ¡Pero bueno, Florinda! ¿Qué te has hecho hoy que estás tan guapa? Me encantaría que fueras mi esposa… ¿Quieres casarte conmigo?

– ¿Y por las noches qué harás?

– ¡Oink, oink, oink! ¡Oink, oink, oink!

– ¡Ay, lo siento mucho! ¡Con esos ruidos tan fuertes yo no podría dormir!

Todavía no había perdido de vista al cerdo cuando se acercó un pequeño ratón de campo que siempre había estado enamorado de ella.

– ¡Buenos días, ratita guapa! – le dijo –. Todos los días estás bella pero hoy… ¡Hoy estás impresionante! Me preguntaba si querrías casarte conmigo.

La ratita ni siquiera le miró. Siempre había aspirado a tener un marido grande y fuerte y, desde luego, un minúsculo ratón no entraba dentro de sus planes.

– ¡Déjame en paz, anda, que estoy muy ocupada hoy! Además, yo me merezco a alguien más distinguido que tú.

El ratoncito, cabizbajo y con lágrimas en sus pupilas, se alejó por donde había venido.

Calentaba mucho el sol cuando por delante de su jardín, pasó un precioso gato blanco. Sabiendo que era irresistible para las damas, el gato se acercó contoneándose y abriendo bien sus enormes ojos azules.

– Hola, Florinda – dijo con una voz tan melosa que parecía un actor de cine –. Hoy estás más deslumbrante que nunca y eres la envidia del pueblo. Sería un placer si quisieras ser mi esposa. Te trataría como a una reina.

La ratita se ruborizó. Era un gato de raza persa realmente guapo. ¡Un auténtico galán de los que ya no quedaban!

– Sí, bueno… – dijo haciéndose la interesante –. Pero… ¿Y por las noches qué harás?

– ¿Yo? – contestó el astuto gato –. ¡Dormir y callar!

– ¡Pues contigo yo me he de casar! – gritó la ratita emocionada –. ¡Anda, pasa, no te quedes ahí! Te invito a tomar un té y un buen pedazo de pastel.

Los dos entraron en la casa. Mientras la confiada damisela preparaba la merienda, el gato se abalanzó sobre ella y trató de comérsela. La ratita gritó tan fuerte que el pequeño ratón de campo que aún andaba por allí cerca, la oyó y regresó corriendo en su ayuda. Cogió una escoba de la cocina y echó a golpes al traicionero minino.

Florinda se dio cuenta de que había cometido un grave error: se había fijado en las apariencias y había confiado en quien no debía, despreciando al ratoncillo que realmente la quería y había puesto su vida en peligro para salvarla. Agradecida, le abrazó y decidió que él sería un marido maravilloso. Pocos días después, organizaron una bonita boda y fueron muy felices el resto de sus vidas.

EL OBSEQUIO DE LAS PALOMAS

RESPETO, SOLIDARIDAD, SINCERIDAD

Antiguamente, en la vieja ciudad china de Handan, existía una costumbre extraña y muy curiosa que llamaba la atención a todos los que venían de otros lugares del país.

Los habitantes de Handan sabían que su amado rey adoraba las palomas y por esa razón las cazaban durante todo el año para entregárselas como obsequio.

CAPITULO III. QUÉ ACCIONES DESARROLLAR PARA EDUCAR A LA FAMILIA EN LOS VALORES HUMANOS

Un día sí y otro también, campesinos, comerciantes y otras muchas personas de diferente condición, se presentaban en palacio con dos o tres palomas salvajes. El monarca las aceptaba emocionado y después las encerraba en grandes jaulas de hierro situadas en una galería acristalada que daba al jardín.

Seguro que te estás preguntando para qué quería tantas palomas ¿verdad?... Pues bien, lo cierto es que la gente de Handan también se preguntaba lo mismo que tú. Todo el mundo estaba intrigadísimo y corrían rumores de todo tipo, pero el caso es que nunca nadie se atrevió a investigar a fondo sobre el tema por temor a represalias ¡Al fin y al cabo el rey tenía derecho a hacer lo que le viniera en gana!

Pasaron los años y sucedió que, una mañana de primavera, un joven muy decidido se plantó ante el soberano con diez palomas que se revolvían nerviosas dentro de una gran cesta de mimbre. El monarca se mostró francamente entusiasmado.

– Gracias por tu regalo, muchachito ¡Me traes nada más y nada menos que una decena de palomas! Seguro que has tenido que esforzarte mucho para atraparlas y yo eso lo valoro ¡Toma, ten unas monedas, te las mereces!

Viendo que el soberano parecía un hombre alegre y cordial, se animó a preguntarle para qué las quería.

– Alteza, perdone mi indiscreción, pero estoy muy intrigado ¿Por qué le gusta tanto que sus súbditos le regalemos palomas?

El monarca abrió los ojos y sonrió de oreja a oreja.

– ¡Eres el primero que me lo pregunta en treinta años! ¡Demuestras valentía y eso dice mucho de ti! No tengo ningún problema en responderte porque lo hago por una buena causa.

Le miró fijamente y continuó hablando de forma ceremoniosa.

– Cada año, el día de Año Nuevo, realizo el mismo ritual: mando sacar las jaulas al jardín y dejo miles de palomas en libertad ¡Es un espectáculo bellísimo ver cómo esas aves alzan el vuelo hacia el cielo y se van para no regresar!

El muchacho se rascó la cabeza y puso cara de no comprender la explicación. Titubeando, le hizo una nueva pregunta.

– Supongo que es una exhibición fantástica, pero... ¿Esa es la única razón por la que lo hace, señor?

El rey suspiró profundamente y sacando pecho respondió con orgullo:

– No, muchacho, no... Principalmente lo hago porque al liberarlas estoy demostrando que soy una persona compasiva y benévola. Me gusta hacer buenas obras y me siento muy bien regalando a esos animalitos lo más preciado que puede tener un ser vivo: ¡la libertad!

¡El joven se quedó patidifuso! Por muchas vueltas que le daba no entendía dónde estaba la bondad en ese acto. Lejos de quedarse callado, se dirigió de nuevo al soberano.

– Disculpe mi atrevimiento, pero si es posible me gustaría hacer una reflexión.

El rey seguía de un fantástico buen humor y aceptó escuchar lo que el chico tenía que comentar.

– No tengo inconveniente ¡Habla sin temor!

– Como sabe somos muchos los ciudadanos que nos pasamos horas cazando palomas para usted; y sí, es cierto que atrapamos muchísimas, pero en el intento otras mueren porque las herimos sin querer. De cada diez que conseguimos capturar, una pierde la vida enganchada en la red. Si de verdad usted se considera un hombre bueno es mejor que prohíba su caza.

Como si tuviera un muelle bajo sus reales posaderas, el monarca saltó del trono y su voz profunda resonó en las paredes del gran salón.

– ¡¿Me estás diciendo que prohíba su caza, mequetrefe?! ¡¿Cómo te atreves...?!

El joven no se amedrentó y siguió con su razonamiento.

– ¡Sí, señor, eso le propongo! Por culpa de la caza muchas palomas mueren sin remedio y las que sobreviven pasan meses encerradas en jaulas esperando ser liberadas ¡No lo entiendo!... ¿No le parece absurdo tenerlas cautivas tanto tiempo? ¡Ellas ya han nacido libres! Si yo fuera paloma, no tendría nada que agradecerle a usted.

El rey se quedó en silencio. Hasta ese momento jamás se había parado a pensar en las consecuencias de sus actos. Creyendo que hacía el bien estaba privando de libertad a miles de palomas cada año solo por darse el gusto soltarlas.

Tras un rato absorto en sus pensamientos reconoció su error.

– ¡Está bien, muchachito! Te diré que tus palabras me han hecho cambiar de pensamiento. Tienes toda la razón: esta tradición no me convierte en una buena persona y tampoco en un rey más justo ¡Hoy mismo mandaré que la prohíban terminantemente!

Antes de que el chico pudiera decir nada, el monarca chascó

los dedos y un sirviente le acercó una caja dorada adornada con impresionantes rubíes, rojos como el fuego. La abrió, cogió un saquito de tela repleto de monedas de oro y se la entregó al joven.G

– Tu consejo ha sido el mejor que he recibido en muchos años así que aquí tienes una buena cantidad de dinero como muestra de mi agradecimiento. Creo que será suficiente para que vivas bien unos cuantos años, pero si algún día necesitas algo no dudes en acudir a mí.

El muchacho se guardó la bolsa en el bolsillo del pantalón, hizo una reverencia muy respetuosa, y sintiéndose muy feliz regresó a su hogar. La historia se propagó por todo Handan y el misterio de las palomas quedó resuelto.

Moraleja: Antes de hacer algo o tomar una decisión importante siempre debemos pensar bien las consecuencias para asegurarnos de que no estamos ocasionando daño a los demás.

8. IDEAS Y SUGERENCIAS PARA EL RESCATE Y PRESERVACIÓN DE LOS VALORES HUMANOS EN LOS PAÍSES DE AMÉRICA LATINA Y EL MUNDO QUE HOY VIVEN LA TRANSICIÓN POLÍTICA.

Como aportes teóricos valiosos de esta investigación, se ha mencionado que los ámbitos familiar, escolar y social tienen una gran influencia en la formación que reciben los individuos de cualquier país y consecuentemente en los valores que practican en sus relaciones de convivencia. Es primordial, como ya se ha dicho, que, si se quiere remediar o transformar esa realidad de deterioro o pérdida de los valores humanos que los individuos de las actuales sociedades practican, se deben conocer las causas y así atacar el problema de raíz.

Actualmente se vive la desmedida influencia de la globalización impuesta por las hegemonías capitalistas internacionales, a través de la implantación de modelos de vida basados en el consumismo, la competencia productiva, el libre mercado y la industrialización de bienes de consumo; donde su prioridad es el aumento de la riqueza (para unos cuantos) a costa del empobrecimiento de las inmensas mayorías de la población y la destrucción de la biosfera en el planeta. Bajo esa influencia, los países subdesarrollados con gobiernos subordinados a las ideas globalizadoras, han aceptado las recomendaciones de las citadas hegemonías; tal es el caso del tipo de servicios educativos que les han dado a sus ciudadanos con la imposición de modelos educativos en los que se ha desatendido la formación en valores como la democracia participativa, las libertades ciudadanas y la defensa de los derechos humanos.

En América Latina cada vez son más los países que viven una transición política mediante la lucha pacífica electoral y que los ciudadanos han dicho basta a las dictaduras y gobiernos autoritarios; tal es el caso de México, El Salvador, Nicaragua, Bolivia, Honduras, Perú, Colombia, Venezuela, Cuba, Argentina, Chile y otros más. En estos países, están dadas las condiciones para que los ciudadanos implementen los debidos cambios antihegemónicos y antiglobalizadores, a fin de construir "Las grandes naciones" libres e independientes como las que soñaron los héroes de América: Simón Bolívar, José Martí, Ernesto Guevara de la Serna y Fidel Castro.

Al ser los tres ámbitos (familiar, escolar y social) los que contribuyen directamente en la formación de la personalidad y los valores que profesan los individuos que conforman hoy en día las sociedades, resulta lógico suponer que, es ahí donde se requiere de la implementación de eficientes estrategias para que esa influencia nociva causante de una sociedad desolada en una profunda crisis de valores humanos, desaparezca y se convierta en una influencia positiva en la que los individuos vivan el surgimiento de un estado de derecho en el que se les garantice: el respeto a los derechos humanos, libertad de expresión, a la justicia social, a la democracia participativa, a las libertades políticas e ideológicas y sobre todo, a tener un ingreso remunerativo que les permita vivir dignamente. Esa es la única manera posible de reconstruir el tejido social que ha sido dañado, como se refleja en el tipo de relaciones humanas a las que se ha llegado en la sociedad actual, donde los habitantes viven con el miedo y la desconfianza hacia las autoridades, sus vecinos, sus profesores, sus familiares y amigos. Este estado de cosas, son producto de la corrupción, la impunidad y las políticas públicas neoliberales de gobiernos arbitrarios alejados de los intereses de la sociedad.

Los gobiernos de América Latina y el mundo necesitarían trabajar para que en los tres ámbitos (familiar, escolar y social) se impulsen estrategias o medidas tendientes al rescate de los valores humanos, las cuales serían:

a) Ámbito familiar:
- Padres de familia bien informados y capacitados para educar a los hijos en los valores humanos.
- Asumir acuerdos entre la madre y el padre sobre la organización de todas las tareas que se realicen en el hogar relacionadas con la educación de los hijos.
- Los padres educarán con el ejemplo, buscando ser y actuar con responsabilidad como educadores de la familia.

- Actuar como ciudadanos ejemplares responsables de sus derechos y obligaciones ante la sociedad.
- Apoyar a los hijos en sus aspiraciones educativas y despertar en ellos el interés por la superación académica hasta llegar a culminar una profesión u oficio que sea de su interés.
- A los niños y adolescentes apoyarlos en sus tareas escolares y estar en comunicación permanente con sus profesores.

b) Ámbito escolar:
- Profesores responsables y capacitados a fin de proporcionar una educación basada en los valores humanos.
- Autoridades escolares con una formación académica de excelencia, capaces de coordinar los trabajos con el personal del centro escolar para que la institución asuma un eficiente desempeño ante la sociedad.
- Autoridades escolares y profesores proporcionar un trato a los alumnos con estricto apego a los derechos humanos.
- Que las aulas escolares se conviertan en espacios en los que se vivan ambientes seguros y sanos, donde se practiquen cotidianamente y como formas de vida: la democracia, la libertad, la justicia y la equidad.
- Que la escuela les proporcione a los alum-

nos alimentos saludables, nutritivos y con higiene que les permita tener un sano desarrollo. Además, prohibir que en el centro escolar se les vendan los llamados alimentos "chatarra" por ser perjudiciales para su salud.
- Autoridades educativas y profesores llevar a cabo la vinculación de la institución educativa con la comunidad, tal y como lo mandatan las leyes vigentes, bajo la premisa de que la labor educativa tendrá como propósito principal, apoyar a la comunidad en el mejoramiento de las condiciones de vida de sus habitantes.
- Autoridades de las escuelas y profesores encabezar proyectos de desarrollo comunitario, básicamente los que tengan que ver con la salud de la población, la educación de los habitantes en general, actividades productivas, culturales, deportivas, preservación del medio ambiente y otras tendientes a mejorar el bienestar de la población.
- Llevar una buena comunicación con los padres de familia, así como fomentar su participación en las actividades, tanto en beneficio de la escuela como de la comunidad.

c) Ámbito social:
- Que el gobierno de la república encabece acciones para el saneamiento de las insti-

tuciones encargadas de la impartición de justicia a fin de erradicar la corrupción, la impunidad, el tráfico de influencias, etc.
- Que las autoridades federales educativas, elaboren un nuevo modelo educativo para todo el país, actualizado para que responda a las necesidades de la nueva realidad social y que tenga como prioridad una formación basada en los valores humanos. Que dicho modelo se elabore conjuntamente con la participación de toda la sociedad: alumnos, padres de familia, profesores y ciudadanos en general.
- Que los planes y programas de estudio de todos los niveles educativos, así como los nuevos libros de texto, se elaboren a partir de la nueva filosofía donde la educación se convierta en una noble tarea con sentido humano y en un instrumento de transformación de la sociedad.
- La implementación de acciones por parte del Estado para la defensa de la educación pública y gratuita en todos los niveles educativos y aumentar los recursos suficientes para la educación en el país de cuando menos el 8% del Producto Interno Bruto (PIB).
- El Estado requiere rescatar la misión de la escuela pública: una escuela que defienda el ideal democrático, la emancipación del

pueblo, el laicismo, la gratuidad de la educación, la pluralidad, una educación para la vida y comprometida con la transformación de la realidad.
- Reorganización estructural y profunda del Sistema Educativo Nacional a fin de que los servicios educativos, tanto públicos como privados se lleven a cabo con eficiencia y apegados al marco legal vigente. Abolir la corrupción, el burocratismo, el compadrazgo, el tráfico de influencias y otras prácticas ilegales que se llevan a cabo actualmente en la inmensa mayoría de las instituciones en general.
- Que la autoridad federal implemente acciones a fin de llevar evaluaciones institucionales periódicas por instancias externas al Estado, tanto a las dependencias que se encargan de administrar el servicio educativo, así como a los centros educativos de todo el país en los niveles: básico, medio-superior y superior.
- La implementación de acciones tendientes a erradicar el analfabetismo en la población adulta de todo el país con la participación conjunta de todos los sectores de la sociedad. Mejorar, además, el grado de escolaridad en todas las familias del país y atender los rezagos educativos en general, todo

con un nuevo enfoque de la educación que busque rescatar los valores humanos y la transformación social de la realidad hacia una sociedad más justa e igualitaria.
- Realizar amplias jornadas de información sobre los derechos humanos en todas las familias del país, con el objetivo de crear conciencia en los padres y madres de familia sobre las formas de educar a sus hijos, con un enfoque basado en los valores humanos.
- La construcción y remodelación en todas las regiones del país de centros deportivos, culturales y lugares de sano entretenimiento para personas de todas las edades.
- Que las instituciones encargadas de la formación y actualización de los profesores de todos los niveles educativos, preparen constantemente a las nuevas generaciones de docentes, sobre todo en la puesta en marcha del nuevo modelo educativo, que contempla básicamente:
- * La nueva función de la escuela como parte esencial en la transformación social.
- * Los cambios e innovación en las estrategias pedagógicas de aprendizaje necesarias para la aplicación del nuevo modelo educativo.
- * Conocimiento pleno de los nuevos conte-

nidos curriculares, así como sus enfoques y propósitos.
- Reorientar la función de los medios masivos de comunicación. – regular la función de los medios de comunicación para que se conviertan en instrumentos de educación del pueblo, con la puesta en práctica de programas transmisores del arte, información veraz y oportuna, la cultura, el deporte, la diversión sana, los derechos cívicos, la divulgación de los valores humanos, el cuidado de la naturaleza, promover la democracia participativa, alfabetización de adultos, actividades productivas, y todo aquello que promueva el desarrollo humano y bienestar de la población.

REFERENCIAS BIBLIOGRÁFICAS

- Acevedo (2013). **Infierno en casa.** México: Edit. Trillas, S.A de C. V. p. 17.
- Ahumada I. M. (2011). **Conductas Abusivas.** México: Edit. Pax.
- Babarro N. R. (2020). Psicología-Online. **Los tipos de familia que existen y sus características**. Recuperado el 20 de abril de 2022 de: https://www.psicologia-online.com/los-tipos-de-familia-que-existen-y-sus-caracteristicas-4590.html
- Barudy J. (2014). **El dolor invisible de la infancia.** España: Editorial Paidós. Pág. 128.
- Bermúdez, J. (2009). **Manual de prevención de violencia intrafamiliar.** México: Edit. Trillas.
- Cohen S. (2010). **Infancia maltratada.** Argentina: Edit. Paidós Argentina. Pág. 47.
- Castillejo O. (2020). **Psicología y mente.** "Las cinco etapas del desarrollo de la personalidad". España. Recuperado el 10 de julio de 2022 de: https://psicologiaymente.com/desarrollo/etapas-desarrollo-personalidad.
- Campion J. (1994). **El niño en su Contexto.** España: editorial Paidós Ibérica. Pág. 70.
- Calderón A. (2018). **Rev. Actividades investigativas en educación.** "La convivencia social entre la ética y el pluralismo: Una perspectiva desde Emmanuel Lévinas". Recuperado el 11 de sept. De 2022 de: https://www.scielo.sa.cr/pdf/aie/v18n2/1409-4703-aie-18-02-580.pdf
- Cámara de diputados (2021). Boletín 17 mayo 2021. "La Cámara de Diputados aprobó que el

delito de violencia familiar se persiga de oficio". Información recuperada el 18 de febrero de 2022 de: https://comunicacionnoticias.diputados.gob.mx/comunicacion/index.php/boletines/la-camara-de-diputados-aprobo-que-el-delito-de-violencia-familiar-se-persiga-de-oficio#gsc.tab=0

- Campos G. (2017). "Apadrinar a un niño, ayuda a disminuir la violencia infantil en diversas comunidades del país" Recuperado el 1 de mayo de 2022 de: https://childfundmexico.org.mx/blog/apadrinar-a-un-nino/#:~:text=Seg%C3%BAn%20la%20Organizaci%C3%B3n%20Mundial%20de,ni%C3%B1os%20que%20son%20v%C3%ADctimas%20de

- Congreso de la unión (2021). "Nueva Ley publicada en el Diario Oficial de la Federación el 4 de diciembre de 2014". Recuperado el 15 de agosto de 2022 de: http://www.diputados.gob.mx/LeyesBiblio/pdf/LGDNNA_110121.pdf

- Caraballo (2017). *Guiainfantil.com*. "Cuidados especiales para un embarazo adolescente". Recuperado el 10 de agosto de 2022 de: https://www.guiainfantil.com/articulos/embarazo/riesgos/cuidados-especiales-para-un-embarazo-adolescente/

- De león, B. & Silió, G. (2010). *Revista de Psicología No.* 1 "La familia, papel que desempeña en la educación de sus hijos...") Pág. 329. Información recuperada en agosto 2021 de: https://www.redalyc.org/pdf/3498/349832324035.pdf

- Delgado J. (2021). "Tabla de tareas del hogar para los niños según la edad". Información recuperada el 30 de agosto de 2022 de: https://

- es.scribd.com/document/355280983/Tabla-de-Tareas-Del-Hogar-Para-Los-Ninos-Segun-La-Edad-Etapa-Infantil
- DIANOVA (2020). "Informe mundial sobre las drogas 2020". Información recuperada el 5 de septiembre de 2022 de: https://www.dianova.org/es/noticias/informe-mundial-sobre-las-drogas-2020/
- Díaz R. (2015). "Los hijos de padres alcohólicos tienen 4 veces más Trastornos". Barcelona, España. Información recuperada el 12 de febrero de 2022 de: https://cuidateplus.marca.com/enfermedades/psiquiatricas/2008/02/27/nuevo-metodo-abordar-depresion-resistente-jovenes-12946.html.
- Diez F. (2013). **Autoridad sin castigo.** México: Editorial Trillas, S. A.
- Domínguez S. (2010). **Revista Digital, temas para la educación.** "La educación cosa de dos: La familia y la escuela". España. Información recuperada el 6 de agosto de 2022 de: https://www.feandalucia.ccoo.es/docu/p5sd7214.pdf
- Edo M., Blanch S. & Anton M.(coordinadoras) (2016). **El juego en la primera infancia. España:** Ediciones octaedro, S.L.
- Ferro O. (2017). **Bullying ¿Mito o realidad?** México: Editorial Trillas, S. A. Págs. 27. 28, 30.
- García, J. J., (2021). "Aprende en casa. Educación para la vida" Información recuperada en agosto del 2022 de: https://www.milenio.com/blogs/la-columna-pedagogica/aprende-en-casa-educacion-para-toda-la-vida

- Guillen, B. (2021). "La pandemia deja al descubierto la plaga de los crímenes sexuales en México" Información recuperada en agosto del 2022 de : https://elpais.com/mexico/2021-05-11/la-pandemia-deja-al-descubierto-la-plaga-de-los-crimenes-sexuales-en-mexico.html.
- Goleman D. (1996). **Inteligencia emocional.** España: Editorial Kairos.
- González Ma. C. (2012). **Maltrato infantil.** México: Editorial Trillas S, A de C. V. Págs. 23 y 27.
- Guevara B., Zambrano A. y Evies (2007). **Rev. Educación en valores.** Venezuela: Universidad de Carabobo. Recuperado en agosto de 2022 de:http://servicio.bc.uc.edu.ve/multidisciplinarias/educacion-en-valores/v1n7/v1n72007-11.pdf
- Gurrola (2020). **Propuesta educativa para prevenir y erradicar la violencia y el acoso escolar.** México: impreso en USA, Ibukku. Págs. 147. 58.
- H. Congreso de la unión (2019**). Ley general de educación, texto vigente Nueva Ley publicada en el Diario Oficial de la Federación el 30 de septiembre de 2019.** Recuperado el 12 de agosto de 2022 de:
  http://www.diputados.gob.mx/LeyesBiblio/pdf/LGE_300919.pdf
- H. Congreso de la Unión, (2019). **Ley general de los Derechos de Niñas, Niños y Adolescentes**. Cámara de diputados del H. Congreso de la Unión, Secretaría General, Secretaría de Servicios Parlamentarios. Ciudad de México. DOF 17-10-2019. Información recuperada el seis de agosto de 2020 de:
  http://www.diputados.gob.mx/LeyesBiblio/pdf/LGDNNA_171019.pdf

- Inmujeres (2021). **Madres Adolescentes:** Instituto Nacional de la Mujer. Recuperado el 12 de julio de 2022 de: http://estadistica.inmujeres.gob.mx/formas/tarjetas/Madres_adolescentes.pdf
- INEGI (2020). **Save the children**. "El estado de la nutrición infantil en México". Encuesta nacional. Recuperado el 12 de agosto de 2022 de: https://blog.savethechildren.mx/2021/07/06/estado-nutricion-infantil-en-mexico/
- INEGI (2021). "El inegi presenta resultados de la estadística de divorcios 2020". Comunicado De Prensa Núm. 550/21. Recuperado el 3 de agosto de 2022 de: https://www.inegi.org.mx/contenidos/saladeprensa/boletines/2021/EstSociodemo/Divorcios2021.pdf.
- Infobae (2022). **Diario en línea.** "Otra cifra histórica: México rompió récord de violaciones en 2021" Fecha de publicación 20 enero 2022. Recuperado el 12 de junio de 2022 de: https://www.infobae.com/america/mexico/2022/01/20/otro-record-historico-mexico-supero-las-2-mil-violaciones-en-2021/
- Jauregui C. (2017). ¡Ya basta! acabemos con el bullying! México: Editorial Porrúa S.A de C.V. Págs. 90, 106, 49
- Longo A. M. (2020). **El País.** "Estos son los beneficios de implicar a los niños en las tareas del hogar" Información recuperada en diciembre del 2022 de: https://elpais.com/mamas-papas/2020-10-23/estos-son-los-beneficios-de-involucrar-a-los-ninos-en-las-tareas-del-hogar.html.
- Martínez, S. (2019). Periódico **La Jornada** 6 de enero 2019 "México, primer lugar en abuso se-

xual infantil, según la OCDE" Recuperado el 25 de abril de 2022 de: https://www.jornada.com.mx/2019/01/06/politica/008n1pol
- Mendoza B. (2014). **Bullying.** México: Edit. Pax. Pág. 63.
- Montoya (2017). **Otras voces en educación.** "El autoritarismo escolar." Bolivia. Información recuperada en enero del 2022 de: https://otrasvoceseneducacion.org/archivos/240885
- Moreno L. S. (2011). **Guía de aprendizaje significativo. México: Edit. Trillas S. A. Pág. 26.**
- Muñoz C. (2016). "Inteligencia emocional: el secreto para una familia feliz". España: Dirección General de la familia y el menor. Pág. 18
- Núñez A. (2020). **Revista Foro Jurídico,** "pandemia y justicia". Información recuperada el 23 de agosto de 2022 de: https://forojuridico.mx/la-violencia-familiar-en-mexico/
- Nieto Ma. B. (2009). **Revista digital para profesionales de la enseñanza.** Temas para la Educación. "La educación en valores como eje metodológico en la intervención social y educativa". España: Pág.2. Información recuperada el 22 de julio de 2022 de: https://www.feandalucia.ccoo.es/docuipdf.aspx?d=6273&s=
- Ochoa, A. & Peiró, S. (2012). **Teoría de la Educación. Educación y Cultura en la Sociedad de la Información. España: Universidad de Salamanca.** Pág. 32.
- OMS (2020). "Maltrato infantil" 19 septiembre 2022. Organización Mundial de la Salud. In-

formación recuperada el 22 de septiembre de 2022 de: https://www.who.int/es/news-room/fact-sheets/detail/child-maltreatment
- OMS (2020). Boletín del 15 de septiembre de 2022. "El embarazo en la adolescencia" Información recuperada el 20 de septiembre de 2022 de: https://www.who.int/es/news-room/fact-sheets/detail/adolescent-pregnancy
- OMS (2021). "La OMS insta a los gobiernos a fomentar la alimentación saludable en los establecimientos públicos". Información recuperada el 19 de septiembre de 2022 de: https://www.who.int/es/news/item/12-01-2021-who-urges-governments-to-promote-healthy-food-in-public-facilities
- ONU (2020). **Noticias ONU**. "Ante el aumento de la violencia doméstica por el coronavirus, Gutiérrez llama a la paz en los hogares" Información recuperada el 20 de septiembre de 2022 de: https://news.un.org/es/story/2020/04/1472392.
- ONU (2021). "ONU impulsa con el Gobierno de México y aliados alojamientos en hoteles para mujeres, niñas y niños víctimas de violencia". Información recuperada en agosto del 2022 de: https://coronavirus.onu.org.mx/onu-impulsa-con-el-gobierno-de-mexico-y-aliados-alojamientos-en-hoteles-para-mujeres-ninas-y-ninos-victimas-de-violencia
- ONU (1959). República Dominicana. A.G. Res. 1386 (xiv), 14 u.n. gaor supp. (no. 16) p. 19, ONU doc. a/4354.
- ONU, (1959) Organización de Las Naciones Unidas "***Declaración de los Derechos del Niño***"

res. 1386 (XIV), 14 U.N. GAOR Sup. (No. 16) p. 19, ONU Doc. A/4354 (1959). Información recuperada el 10 de agosto de 2021 de: file:///C:/Users/misae/Desktop/Declaraci%C3%B3n%20de%20los%20Derechos%20del%20Ni%C3%B1o%20Republica%20Dominicana.pdf
- OPS / OMS (2015). "La OMS alertó sobre el aumento del consumo de comidas rápidas y bebidas azucaradas en la región". Información recuperada el 6 de septiembre de 2022 de: https://www.telam.com.ar/notas/201509/118322-oms-alimentos-comida-azucar-glucosa-consumo.html
- Orjuela (2017). ¿"Qué es la comida chatarra"? Colombia. Información recuperada el 19 de septiembre de 2022 de: https://aprendiendoaserpapaz.redpapaz.org/wp-content/uploads/2018/08/Que_es_comida_chatarra.pdf
- Ortega P., Mínguez R. & Gil R. (1996). **La tolerancia en la escuela.** España: Editorial Ariel, S. A. Palos, J. (2018). **Revista el diario de la educación.** "La escuela es una comunidad de aprendizaje que educa de forma global". Información recuperada el 20 de septiembre de 2022 de: https://eldiariodelaeducacion.com/convivenciayeducacionenvalores/2018/05/21/la-escuela-es-una-comunidad-de-aprendizaje-que-educa-de-forma-global/.
- Parra J. Ma. (2003). **La educación en valores y su práctica en el aula.** España: Universidad Complutense de Madrid.
- Parra Ma. L. & García Ma. J. (2005). **Comunicación entre la escuela y la familia.** México: Edit. Paidós mexicana S. A. Págs. 58, 59, 80
- Páez R. M. & Pérez N. A. (2018) **Educación fa-**

miliar. Colombia: Consejo Latinoamericano de Ciencias Sociales. Pág. 43.
- Perry P. (2020). ***El libro que ojalá tus padres hubieran leído.*** España: Editorial planeta S. A. Págs. 59, 150.
- Prieto D. Ma. (2002). **Rev. Humanidades Medicas.** No 2, "La globalización; efectos en el cambio del patrón valorativo de la sociedad y la medicina". Cuba. Información recuperada el 20 de septiembre de 2022 de: http://scielo.sld.cu/scielo.php?script=sci_arttext&pid=S1727-81202002000200001
- Revelo G. (2022). "Obesidad en el mundo, según la OMS". Información recuperada el 10 de septiembre de 2022 de: https://noticieros.televisa.com/historia/mexico-segundo-lugar-de-obesidad-en-el-mundo-oms/
- Reyes J. (2001). **Rev. Letras Libres,** "Entre las bestias y los dioses". México. Información recuperada el 20 de septiembre de 2022 de: https://letraslibres.com/revista-mexico/entre-las-bestias-y-los-dioses/
- Reyzábal & Sanz (2014). **Resiliencia y acoso escolar.** España: Editorial la muralla, S.A. Pág.175
- Rincón Ma. Gpe. (2015). **Bullying**. México: Editorial Trillas, S.A. Pág. 182.
- Rivera (2021). "Aumentaron 87% los delitos de abuso sexual en los últimos 5 años; niños, niñas y adolescentes sufren múltiples formas de violencia sexual: alumbra". Recuperado el 25 de mayo de 2022 de: https://alumbramx.org/aumentaron-87-los-delitos-de-abuso-sexual-en-los-ultimos-5-anos-ninos-ninas-y-adolescentes-sufren-multiples-formas-de-violencia-sexual-alumbra/

- Rodríguez C. (2021). **Educa-Aprende. Escuela para padres** "Los 10 Errores a evitar en la educación de nuestros niños y niñas" España**.** Información recuperada el 20 de septiembre de 2022 de: https://educayaprende.com/los-10-errores-mas-perjudiciales-para-la-educacion/
- Rodríguez L. C (2018). "6 cuentos con valores para contar esta noche" Recuperado el 9 de mayo de 2022 de: https://blog.oxfamintermon.org/6-cuentos-con-valores-para-contar-esta-noche/
- Rojas, M. (2015). **Felicidad y Estilos de Crianza Parental**. Facultad Latinoamericana de Ciencias Sociales (FLACSO), Sede México y Universidad Popular Autónoma del Estado de Puebla (UPAEP). Recuperado el 20 de septiembre de 2022 de: https://ceey.org.mx/wp-content/uploads/2018/06/16-Rojas-2015.pdf
- Ruiz, I. Sánchez, P. & De jorge, Ma. (2012). **Familia y Educación.** España: Consejería de Educación, Formación y Empleo. Págs. 6, 23, 22.
- Saitua, G. (2017). "Trabaja el desarrollo moral de tus hijos o hijas con nuestros dilemas morales". Recuperado el 20 de junio de 2022 de: https://educacion-familiar.com/2016/02/19/trabaja-el-desarrollo-moral-de-tus-hijos-o-hijas-adolescentes-con-nuestros-dilemas-morales-hoy-la-historia-de-aatun/#more-751
- Sánchez, M. L. (2006). **Rev. Iberoamericana de educación.** "Disciplina, autoridad y malestar en la escuela." No. 41. Argentina.
- SCJN (2022). **comunicado de prensa** 189/2022. Información recuperada el 10 de junio de 2022 de:

https://www.internet2.scjn.gob.mx/red2/comunicados/noticia.asp?id=6912
- Schmelkes, S. (2004). **La formación de valores en la educación básica.** México: Secretaria de Educación Pública (SEP). pág. 92.
- Secretaria de Salud (2021). Observatorio mexicano de salud mental y consumo de sustancias psicoactivas. CONADIC. Recuperado el 20 de septiembre de 2022 de: https://www.gob.mx/cms/uploads/attachment/file/648021/INFORME_PAIS_2021.pdf
- Secretaría de Seguridad y Protección Ciudadana, (2021). "Presenta SSPC decálogo de ciberseguridad para protección de menores". Boletín 118/2021 publicado el miércoles 21 de octubre por el gobierno de México. Recuperado el 17 de septiembre de 2022 de: https://www.gob.mx/sspc/prensa/presenta-sspc-decalogo-de-ciberseguridad-para-proteccion-de-menores?state=published
- Serrano A. (2006). **Acoso y violencia escolar.** España: Editorial Ariel. S. A. Pág. 217.
- SEMUJER en cifras (2020). **Boletín 32.** "Embarazo en adolescentes y contingencia por Covid-19" Sept. 2020. Recuperado el 20 de septiembre de 2022 de: https://semujer.zacatecas.gob.mx/pdf/boletines/boletines%20pdf/2020/Bolet%C3%ADn%2032.%20Embarazo%20en%20adolescentes%20y%20contingencia%20por%20Covid-19.pdf.
- Siegel D. & Payne T. (2018). **Disciplina sin lágrimas:** Editorial B de Bolsillo. Pág. 9
- Soe, P. (2009). **La práctica de los valores en el aula.** Costa Rica: Coordinación Educativa y Cultural Centroamericana, CECC/SICA. Pág. 61.
- Stooff D.M., Breiling J. & Maser J.D. (2002), **Bi-**

blioteca de Psicología, Conducta Antisocial, Vol. 1, pp. 208, 209. Oxford University Press, "Desarrollo del comportamiento antisocial desde la perspectiva del aprendizaje" de Leonardo D. Eron, México: Editorial mexicana.
- Toledo, Ma. E., Sosa, E., Aguilar, C. & Colín, A. (2010). ***El Traspatio Escolar.*** México: Paidós mexicana, S. A. págs. 161, 169.
- Torres M. (2021). "Tipificación y penas en México contra el delito de maltrato infantil". Recuperado el 20 de septiembre de 2022 de: https://zarateabogados.com/2021/04/18/tipificacion-y-penas-en-mexico-contra-el-delito-de-maltrato-infantil/
- Tsabary S. (2016). **Sin control.** España: Ediciones B., S. A. Pág. 92, 78.
- UNICEF (2006) Fondo de las Naciones Unidas para la Infancia. ***"Convención sobre los Derechos del Niño"*** junio de 2006 UNICEF COMITÉ ESPAÑOL Mauricio Legendre, 36. 28046 Madrid, España. Información recuperada el 20 de agosto de 2022 de: file:///C:/Users/misae/Desktop/CONVENCION%20SOBRE%20LOS%20DERECHOS%20DE%20LOS%20NI%C3%91OS.pdf
- UNICEF (2019). ***panorama estadístico de la violencia contra niñas, niños y adolescentes en México.*** Información recuperada el 20 de septiembre de 2022 de: https://www.unicef.org/mexico/media/1731/file/UNICEF%20PanoramaEstadistico.pdf
- UNICEF (1989) Adoptada y abierta a la firma y ratificación por la Asamblea General en su resolución 44/25, de 20 de noviembre de 1989. Información recuperada el 12 de septiembre de 2022 de:

- https://www.unicef.org/es/convencion-derechos-nino/texto-convencion
- Valadez (2021). "OPS pide a México limitar poder de la comida chatarra en Cumbre Alimentaria de la ONU" Información recuperada el 20 de septiembre de 2022 de: https://www.milenio.com/politica/ops-pide-mexico-limitar-comida-chatarra
- Velazco G. (2010). Revista de criminología y ciencias forenses, ISSN 1888-0665, N°. 9, 2010, págs. 24-31. Recuperado el 10 de septiembre de 2022 de: file:///C:/Users/misae/Downloads/Dialnet-ViolenciaIntrafamiliar-3255761%20(5).pdf
- Velasco J. J. (2001). **Rev. Digital Industrial data.** "Inteligencia emocional". Perú. Información recuperada el 4 de marzo de 2022 de: https://sisbib.unmsm.edu.pe/bibvirtual/publicaciones/indata/v04_n1/inteligencia.htm.
- Vidal, E. (2006). **Educación Diferenciada.** España: Editorial Ariel, S. A. pág. 28.
- Zwitser, Álvarez & Salazar (2020). "Estrategia Nacional de Prevención de Adicciones". México unido contra la delincuencia. Información recuperada el 12 de septiembre de 2022 de: https://www.animalpolitico.com/seguridad-justicia-y-paz/estrategia-nacional-de-prevencion-de-adicciones-prohibicionista-prejuiciosa-y-estigmatizante/

Made in the USA
Columbia, SC
11 November 2024